Chine : des chevaux et des hommes

Donation Jacques Polain

Chine : des chevaux

Musée national des Arts asiatiques-Guimet

19 octobre 1995
15 janvier 1996

et des hommes

Donation

Jacques Polain

Réunion
des Musées
Nationaux

Cette exposition

a été organisée par le musée

national des Arts asiatiques-

Guimet, avec le concours

de la Réunion des musées

nationaux.

Couverture :
Joueuse de polo
Époque Tang
Milieu du VIIIᵉ siècle

© Éditions de la Réunion des musées nationaux,
Paris, 1995
49, rue Étienne-Marcel, 75001 Paris
ISBN 2-7118-3334-8

Jean-Paul Desroches

Conservateur en chef au musée national des Arts asiatiques-Guimet

Marie-Catherine Rey

Conservateur au musée national des Arts asiatiques-Guimet

Responsable du musée national des Arts asiatiques-Guimet :

Jean-François Jarrige

Conservateur général du Patrimoine

Les textes du catalogue
ont été rédigés par :

Pierre BAPTISTE (P. B.)

Catherine DELACOUR (C. D.)

Jean-Paul DESROCHES (J.-P. D.)

Antoine GOURNAY (A. G.)

Marie-Catherine REY (M.-C. R.)

Huei Chung TSAO (H.C. T.)

Documentation scientifique :
Pascal VERCIER

Roger ASSELBERGHS a photographié
les œuvres de la donation Polain.

Les cartes ont été composées par
Guylaine MOI, et les dessins réalisés
par Jean-Claude SENÉE.

REMERCIEMENTS

Que tous les collectionneurs privés qui ont permis, par leur généreux concours,
la réalisation de cette exposition, trouvent ici l'expression de notre gratitude.

Nos remerciements s'adressent également aux responsables des collections suivantes :

Paris
Musée Cernuschi

Saint-Denis
Musée d'Art et d'Histoire

Que toutes les personnes qui ont permis la réalisation de cette exposition, ainsi que de
ce catalogue, soient ici remerciées :

R. Asselberghs, G. Béguin, B. Beillard, I. Bizot, B. Boissonnat, M. Bonnat,
P. Braouezec, S. Colinart, B. Dadon, C. Demey, D. Fayolle, B. Fouillet, J. Ghesquière,
E. Godineau, S. Gonzalez, G. Halphen, P.-L. Hardy, M.-C. Hou, E. Jacob, G. Jacob,
C. Julien, R. Lambert, C. de Lambertye, F. Macouin, G. Maïore, A. de Margerie,
J. Menanteau, J.-P. Mohen, G. Moi, D. Pautrel, J. Polain, S. Reydades, C. Rossel,
J.-C. Senée, M. Simpelaere, P. Vercier, K. Vettier, D. Zerari.

C'est à la mémoire de mon frère André Polain, disparu
dans les camps nazis, que je dédie cette donation.
Au-delà du souvenir, à la manière d'un pont jeté par-dessus
des frontières devenues enfin obsolètes, ma décision reflète à la fois
l'espérance mise dans une Europe à présent unie et forte,
et le rejet des nationalismes partisans,
vecteurs d'intolérance et de sectarisme.
La quête de cet ensemble m'a offert des émotions superbes.
Il est utile que la récolte soit maintenant effectuée. Que le privilège
du bonheur éprouvé par le collectionneur puisse ainsi être partagé
avec les visiteurs et les amateurs passionnés de ce lieu
d'exceptionnelle renommée qu'est le musée Guimet.

Jacques Polain

Avant que le musée Guimet ne ferme ses portes pour une rénovation, nous avons le grand privilège de pouvoir terminer notre cycle d'expositions temporaires par une manifestation qui est non seulement d'une qualité exceptionnelle mais qui constitue aussi un gage pour l'avenir de cette institution. Cette exposition, intitulée *Chine, des chevaux et des hommes*, nous donne l'occasion de présenter une splendide donation d'une cinquantaine de statues et statuettes de terre cuite *mingqi* datant des Han aux Tang, que M. Jacques Polain a bien voulu faire à notre musée en 1994. Certes, on a vu depuis une dizaine d'années apparaître de nombreux objets funéraires en terre cuite qui, parfois, relèvent d'une production en série. Mais les pièces de grande qualité, réservées à une élite, sont toujours restées aussi rares, et M. Jacques Polain a su en réunir quelques-uns des exemples les plus remarquables dans sa résidence, proche de Bruxelles. Il s'agit d'ailleurs d'œuvres dont le musée Guimet – malgré les belles donations Rousset et Calmann – ne possède pas d'équivalents.

On peut donc comprendre combien nous avons été heureux lorsque M. Jacques Polain, soucieux de contribuer à faire du musée Guimet un lieu de référence pour les arts d'Asie – non seulement en France mais en Europe – nous a proposé de faire don de sa collection de *mingqi*. Soudain, beaucoup de pièces représentant de splendides exemplaires d'objets, dont nous regrettions parfois de ne pas avoir pu faire l'acquisition, nous étaient proposées avec une générosité digne des plus grands donateurs de l'histoire de nos musées nationaux. Ce grand collectionneur, amateur d'art et mélomane bien connu, a tenu à souligner que cette donation était faite dans l'esprit européen qui a toujours guidé son action. Jean-Paul Desroches, commissaire de cette exposition, en accord avec le donateur, présente aussi quelques œuvres appartenant à des collections privées ou publiques qui, autour de cette grande donation, contribuent par l'intermédiaire du monde funéraire à donner une image brillante et pleine de vie de la société chinoise des Han aux Tang.

Jean-François JARRIGE
Conservateur général

Le cheval : un acteur essentiel de la civilisation chinoise

Jean-Paul DESROCHES

On a coutume aujourd'hui de considérer la Chine comme une société rurale s'adonnant principalement aux cultures céréalières. Si cette image n'est pas inexacte, elle ne devient pertinente qu'au terme d'un long processus évolutif. En effet, dans la haute antiquité, l'animal occupe une place singulière attestée par de nombreux mythes. Cet univers archaïque, riche en troupeaux, entre en déclin vers la fin de l'âge du bronze ; les terres agricoles sont alors mises en valeur. Toutefois, une espèce échappe à cette logique : le cheval. Son rôle prépondérant ne cesse de croître avec le temps. Stimulé par les contacts avec la steppe, il ira jusqu'à dilater dangereusement l'empire des Tang (618-907) le long des routes caravanières.

De nos jours, les quelque onze millions de chevaux chinois – le plus important cheptel équin du monde – prolongent cette tradition avec trois races principales : le cheval han du Sud-Ouest, le cheval mongol du Nord-Est et le cheval kazakh du Nord-Ouest [1] [fig. 2]. Le premier, petit mais résistant, est parfaitement adapté au milieu ; il sert à la fois d'animal de trait et de transport. Le deuxième, également de taille modeste, est trapu et bien charpenté avec des membres courts. On le reconnaît aisément avec sa tête lourde flanquée de grandes oreilles, son front large et ses yeux saillants. Il aurait été domestiqué dès le néolithique. Le dernier, le plus noble d'apparence, semble avoir été introduit aux alentours de notre ère en provenance de l'ouest. Il est grand, a des épaules longues, un garrot relevé, des reins solides, des jambes fines et fermes.

Toutes ces montures furent vraisemblablement l'objet de nombreux croisements au cours du Ier millénaire avant notre ère. Elles ouvrent la voie à la cavalerie, officiellement inaugurée à Zhao par le roi Wuling en 307 avant notre ère. Auparavant, eu égard à leur faible gabarit, les chevaux se contentaient de tirer les chars. Les graphies sur os divinatoires ainsi que les vestiges des nécropoles royales au IIe millénaire avant notre ère nous ont livré de précieux indices sur ces attelages. Tout récemment encore, en 1977 à Anyang dans le Henan, une tombe princière Shang, celle de Fu Hao, révéla l'usage du premier harnais de sangle de poitrail. Sous la dynastie suivante des Zhou (XIe-IIIe siècle), le *Zhouli*, un important ouvrage administratif, ne mentionne pas moins de vingt-cinq catégories de chars attelés de deux ou quatre chevaux de front utilisant le collier d'épaule. Il spécifie aussi que les caisses des voitures sont munies de roues à rayons multiples montées sur moyeu creux [2]. Mais l'événement majeur de l'époque va survenir à la fin du IIIe siècle avant notre ère. Il est dû à la sagacité d'un personnage politique hors pair, le prince de Qin (246-211), qui sut comprendre l'intérêt stratégique du cheval monté. Le futur Qin Shihuang, en faisant de la cavalerie le fer de lance de son armée, parvient en un éclair à juguler le pays tout entier. La cavalerie apparaît comme la pierre angulaire de l'empire.

Les acquis des Qin (221-206) seront confortés sous les Han (206 avant notre ère, 220 de notre ère). Wendi (176-157) renforce la législation militaire, Jingdi (156-141) développe les haras impériaux, Wudi (140-86) améliore le cheptel. Ce monarque tout-puissant, dès le début de son règne, envoie à deux reprises vers l'ouest son ambassadeur Zhang Qian dans des zones inexplorées. Ce dernier rentre alors avec les fameux *tianma*, ces « chevaux célestes ». L'impact de ces créatures sur l'imaginaire de ses compatriotes sera tel qu'ils forgeront tout un langage onirique parlant de *feima* (chevaux volants), *longma* (chevaux dragons), *shenma* (chevaux

Fig. 1
Caravane de chevaux à travers le lœss à l'entrée de la passe de Hangu au Henan.
Cliché Victor Segalen pris entre le 10 et le 12 février 1914.
Archives photographiques du musée Guimet.

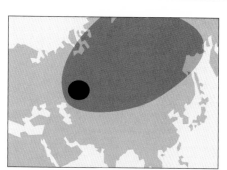

Poney Bashkir *(préhistorique),*
Russie, sud de l'Oural

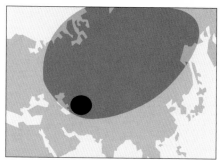

▲ **Cheval Akhal-Téké** *(1000 av. J.-C.),*
Turkménistan

▲ **Poney caspien** *(préhistorique),*
Iran, littoral de la mer Caspienne

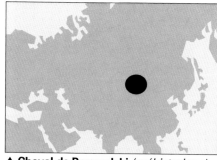

▲ **Cheval de Przewalski** *(préhistorique),*
Mongolie occidentale

Les petites cartes

⬤ Régions d'origine

⬬ Régions de
diffusion

Ci-dessous :
Le cheval mongol
Le cheval kazakh
Le cheval han

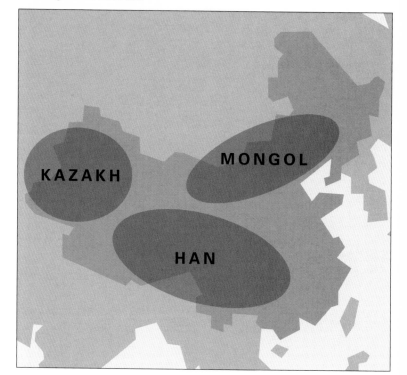

Fig. 2
Les différentes races de chevaux
en Chine et les éventuelles influences
étrangères.

divins), *hanxuema* (chevaux à la sueur de sang)… Zhang Qian ouvre « la Route des chevaux », aventure qui va peser lourd dans la balance économique. Elle sera financée grâce à un artisanat de luxe, notamment une abondante production de soieries. Ce besoin vital pour le maintien de l'équilibre entre l'Est et l'Ouest se prolongera jusqu'à l'avènement des temps modernes. À certaines périodes critiques, la cavalerie se trouvera associée aux fortifications de la Grande Muraille pour former une ligne de défense active. Non seulement les Chinois acclimateront différentes races de chevaux mais ils perfectionneront aussi l'équipement équestre. Ainsi, l'humble tapis de selle des Qin, tenu par un surfaix, se métamorphose, au IIe siècle, en un confortable coussinet, et devient, au Ier siècle, une vraie selle avec pommeau et troussequin. À la fin des Han, l'ensemble est devenu rigide et stable, solidement sanglé sur la monture [3]. Il ne manque plus que les étriers qui prendront place d'un côté d'abord puis des deux au cours du IVe siècle [4].

Le cheval accompagne les grands mouvements de la société chinoise. Quand disparaît la civilisation féodale au IIIe siècle avant notre ère, le char attelé est en passe d'être remplacé par le cheval monté, ce qui instaure une guerre d'un nouveau genre. Le rationnel et l'efficace chassent le code d'honneur du prince et l'arbitraire de ses gens. De la sorte, le premier État fonctionnarisé peut se mettre en place, un événement dont le retentissement à long terme en Asie orientale est comparable à l'avènement de la cité grecque en Occident. On comprend alors pourquoi le cheval, cet acteur essentiel de l'histoire, jouit d'un tel prestige. Associé au dragon dans les mythes, il est sur terre ce que le dragon est au ciel, une émanation du feu, emblème *yang* par excellence.

1. V. COURTOT-THIBAULT, *Le Petit Livre du cheval en Chine*, Lausanne, Caracole, 1989, p. 28-39.

2. Au *Zhouli*, on pourrait ajouter la mention d'autres ouvrages classiques qui font allusion aux chars des Zhou comme le *Liji* (« Livre des Rites ») ou le *Shujing* (« Livre des Annales historiques »).

3. C. S. GOODRICH, « Riding Astride and the Saddle in Ancient China », *Harvard Journal of Asiatic Studies*, XLIV, 2 déc. 1984, p. 279-306.

4. L'étrier est mentionné pour la première fois en Chine dans une tombe Jin au Hunan, en 302. On a affaire à un étrier de monte présent d'un seul côté. Les plus anciens étriers utilisés en paires ont été signalés dans une tombe datée de 382 au Jiangsu.

Les premiers découvreurs

Jean-Paul DESROCHES

Fig. 1
Trésor du prince de Bin, VIIIᵉ siècle.
Gourde en argent avec décor
en repoussé doré représentant un cheval
dansant tenant une coupe serrée entre ses
dents. Cette iconographie singulière
évoque, pour certains historiens,
un des épisodes de la célébration
de l'anniversaire de l'empereur au palais
Xingping quand, après avoir dansé,
les quatre cents chevaux venaient
s'incliner devant le souverain, ainsi que
le rapporte le *Minghuang Xuanzong*.
Musée d'Histoire, Xi'an.

Les Chinois furent à l'aube de la conscience historique. L'écrivain des Han, Sima Qian, à la fin du IIᵉ siècle avant notre ère, décrit avec force détails le tombeau de Qin Shihuang, le premier empereur, édifié un siècle auparavant mais qui déjà avait été pillé et incendié [1]. Il témoigne non seulement d'un intérêt historique pour le passé mais d'une réelle curiosité qui le pousse à se rendre sur place en quête d'éventuels vestiges, un geste prémonitoire augurant d'un riche devenir archéologique. Dans ses *Mémoires historiques* [2], il consacrera encore de nombreux épisodes à la découverte de bronzes archaïques inscrits. Il est vrai que la formidable continuité de l'écriture chinoise permit au fil des siècles à l'élite lettrée de déchiffrer les inscriptions, maintenant ainsi un lien vivant et sans faille avec le passé.

De l'enquête archéologique à la collection, il n'y a qu'un pas. Une des toutes premières collections qui nous soient parvenues est celle de Li Shouli, prince de Bin, un cousin de l'empereur des Tang Xuanzong, mort en 741. Ce trésor dissimulé dans deux grandes jarres en terre et une jarre en argent fut retrouvé en octobre 1970 dans la banlieue sud de Xi'an, à Hejiancun [3]. Il s'agit d'une sorte de cabinet de curiosités avec ses vases précieux, ses substances rares et surtout un ensemble numismatique dûment collecté comprenant des pièces fort anciennes ou des exemplaires difficiles à se procurer comme des monnaies sassanides – voire byzantines – de Khosroès II (560-627) ou d'Héraclius (610-641) [fig. 1].

Sous les Song, le goût de thésauriser les objets porteurs de signes du passé va s'accentuer d'autant plus que la dynastie encerclée par des empires nomades s'attachera beaucoup à la redécouverte de son identité culturelle. De cette époque datent les premiers voyages archéologiques qui conduisent les savants à décrire les vestiges des anciennes capitales. Les trouvailles nombreuses glanées sur le site d'Anyang, la fastueuse cité Yin, furent un aiguillon particulièrement stimulant. Très vite cependant, on va vouloir prendre une distance avec cet appétit de la collection et on entreprend donc de compiler les premiers catalogues. Le *Kaogutu* paraît en 1092, il est suivi du *Bogutu* en 1122. Le travail est long, minutieux, pas moins de deux cent vingt-quatre entrées pour le *Kaogutu* et huit cent trente-neuf pour le *Bogutu*, mais il sera mené méthodiquement avec le souci de constituer des ensembles cohérents à l'usage des historiens, des généalogistes et des étymologistes. L'esprit rationnel est en marche, on cherche à percer les arcanes de l'histoire à travers cette continuité mystérieuse qui enchaîne les générations. La motivation n'est plus simplement de décrire ou de classer mais d'interpréter et de rendre intelligible.

Ce nouvel objectif conduit à collecter les relevés archéologiques au moyen d'estampages et à les réunir dans des ouvrages. La postface du *Jinshilu* (les « Inscriptions sur pierre et sur métal »), écrit en 1132 par Li Qingzhao, femme de Zhao Mingcheng, reste le témoignage le plus émouvant de cet engouement : « Quand notre collection de livres fut complète nous construisîmes une bibliothèque [...]. Là nous disposâmes les livres. Si l'un d'eux était abîmé ou sali, il était de notre devoir d'effacer la tache et de le recopier d'une main élégante. Cependant nous n'avions plus la même aisance ni la même insouciance qu'autrefois. Cette tentative de confort nous conduisit au contraire à la nervosité et à l'anxiété. Je ne pouvais plus supporter la situation. J'en vins à supprimer le choix de viande de nos repas, à me dispenser de toute broderie sur mes robes ; ma chevelure n'était plus désormais ornée de perles brillantes ni de plumes de martin-pêcheur [4] [...]. » Une passion cède la place à une autre, mais la même impérieuse nécessité les anime. Toutefois, là s'arrête la comparaison car cette nouvelle excitation prend ses racines essentiellement dans le monde de l'esprit. En effet, si Zhao et son épouse s'affairent avec autant d'acharnement à débusquer des documents matériels, c'est pour asseoir l'histoire, non plus uniquement sur des faits textuels mais aussi sur des preuves matérielles. Cette critique croisée reste le moyen le plus sûr pour restituer au passé son exactitude. Dans sa préface, Zhao développe cette thèse objective qu'il propose d'élargir à un champ plus vaste : « [...] Considérez par exemple des domaines comme la chronologie, la géographie, la titulature des charges et la généalogie par exemple. Quand on utilise du matériel archéologique pour examiner cela, trente pour cent des données sont contradictoires. Cela tient au fait que les travaux historiques sont produits par des auteurs postérieurs aux faits et ne peuvent éviter de contenir des erreurs. Mais les inscriptions sur pierre et sur bronze sont réalisées au moment même où les événements se produisent [5] [...]. »

Fig. 2
Édouard Chavannes visitant le site des mausolées impériaux des Song à Gongxian au Henan.

Le dialogue des documents avec les monuments vient de naître sous le pinceau conjugué de ce couple d'érudits des Song. Il pose les fondements d'une école dont les effets sont pleinement palpables aujourd'hui. L'enquête sur le terrain, puis l'extraction d'un gisement archéologique de données brutes connaîtront un essor accéléré dès la fin du XIXe siècle stimulés par des initiatives européennes. Édouard Chavannes et Victor Segalen vont être deux des protagonistes français parmi les plus remarquables.

Chavannes (1865-1918), ancien professeur de philosophie générale intrigué par l'histoire chinoise, finit par aboutir dans la recherche archéologique [fig. 2]. Ce sinologue averti s'entiche des textes anciens au point de traduire l'un des ouvrages clés, le *Shiji* (« Mémoires historiques ») de Sima Qian. Mais limiter son œuvre à cette tâche pourtant titanesque serait passer sous silence l'autre moitié de sa démarche. Pourquoi traduit-il les textes, qu'est-ce qui motive cet homme à parcourir les *Tongzhi* (« Annales provinciales ») si ce n'est ce besoin de rassembler des informations archéologiques qui vont directement le conduire sur les sites en Chine pour parachever son enquête de façon concrète ? À partir des années 1890, il ne se contente plus de séjourner dans les villes habituellement ouvertes aux Européens, mais pénètre à l'intérieur du pays. Il traverse les provinces du Henan et du Shandong où il localise des vestiges prometteurs. Il accompagne ses missions d'importants relevés et d'une couverture photographique qui déboucheront sur une somme publiée en 1909 et 1915, *Mission archéologique dans la Chine septentrionale*. Les six sections de l'ouvrage mettent clairement en lumière les propos de l'auteur. Chavannes, en effet, porte toute son insistance sur l'art funéraire Han, Tang et Song, les développements ayant trait au bouddhisme étant limités aux dynasties Wei, Qi et Sui. Pour la première fois, l'Occident entrevoit la richesse et la variété d'un patrimoine jusqu'alors méconnu. Entretemps, il rédige de savantes monographies. L'une des plus anciennes, intitulée *La Sculpture sur pierre en Chine*, est illustrée d'estampages, un moyen de duplication propre au génie de l'Asie orientale. Imprégné par l'historiographie chinoise, il bouscule les habitudes sédentaires et purement livresques de la sinologie européenne.

Fig. 3
Dalle gravée représentant un maître
de maison recevant les hommages
d'hôtes de marque qui arrivent en char
attelé, époque des Han postérieurs,
IIᵉ siècle de notre ère.
Grès chamois avec traces
de polychromie (détail).
Musée national des Arts asiatiques-
Guimet.
(AA 193), n° 2.

Foncièrement novateur, il souligne avec force le rôle du culte des ancêtres, ce ressort essentiel qui anime la Chine depuis le début de son histoire. Source de son archéologie, ce vecteur de réconciliation entre les vivants et les morts a pour temple le tombeau : un lieu magique qui unit trésor et espérance [fig. 3]. Une stèle du Wuliangci datée 151 de notre ère et dont Chavannes avait lui-même traduit l'inscription rappelle à dessein ce propos : « Les fils pieux Tchong-tchang, Ki-tchang et Ki-li et le petit-fils pieux Tse-kiao ont pratiqué de tout leur pouvoir la piété filiale ; ils ont entièrement employé les biens qu'ils avaient, ils ont choisi une pierre renommée, au sud des montagnes méridionales ; ils l'ont prise d'une excellente qualité, d'une couleur jaune sans défaut ; devant ils ont fait un autel et une aire ; derrière ils ont élevé une chambre funéraire. L'habile ouvrier Wei-kai cisela les ornements et grava les dessins ; il les rangea par files ; il manifesta avec promptitude son talent et son ingéniosité. Le gracieux spectacle fut exposé aux yeux de tous [6]. »

Segalen (1878-1919), jeune médecin de la marine, allait s'engager lui aussi dans cette voie [fig. 4]. À vingt-cinq ans, ce Brestois, avide de sensations vécues, avait déjà accompli un tour du monde. Il était, entre autres, parti chercher « Gauguin dans son dernier décor [7] ». En 1908, il décide de s'initier à une nouvelle civilisation et apprend la langue chinoise, puis en avril 1909 s'embarque pour Pékin. Il va voyager pendant l'été et l'automne en Chine centrale et finit par accepter un poste d'enseignant à l'Imperial Medical College. En 1912, il s'installe au Henan auprès du fils du Président Yuan Che-Kai et devient son médecin personnel. Cette fonction lui laissant de nombreux loisirs, il en profite pour préparer deux projets qui lui

Fig. 4
Victor Segalen et son cheval à Pékin.

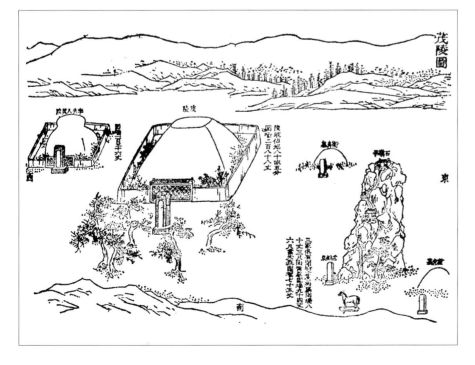

Fig. 5
Champ funéraire du Maoling.
Au centre, dans une enceinte murée, on reconnaît le tumulus pyramidal de l'empereur Wudi, tandis qu'à droite au premier plan figure le tertre rocheux de Huo Qubing précédé d'un cheval debout. Plan extrait des *Annales locales de la ville de Xingping*.

tiennent à cœur : la création d'un grand musée à Pékin et l'organisation de missions archéologiques. Il ne pourra réaliser que le second et on va le voir venir à Paris pour en fait rencontrer Chavannes à plusieurs reprises. C'est vraisemblablement ce dernier qui lui a suggéré l'itinéraire d'un vaste périple qui devait le conduire du Henan au Yunnan. Néanmoins, on reste en droit de se demander si la jeunesse bretonne du poète ne le prédisposait pas à accueillir une forme artistique aussi singulière. En effet, dans son récit *A Dreuz an Arvor*[8], il apparaît séduit par le caractère massif et sans âge des mégalithes armoricains. Ce sont là des qualificatifs qu'il se complaira à retrouver dans *Chine. La Grande Statuaire*[9]. Quoi qu'il en soit, son œuvre enrichit de façon substantielle l'atlas archéologique de deux des provinces les plus riches de l'histoire chinoise, le Shaanxi et le Sichuan. Il est encore le premier en 1914 à mesurer le tumulus du tombeau de Qin Shihuang à Lintong à proximité duquel à partir de 1973 on entreprend de mettre au jour la célèbre armée en terre de plus de six mille guerriers. Il est enfin et surtout celui qui révèle au monde la grandeur de l'art animalier Han dans une prose inégalée qu'André Malraux ne manquera pas de saluer. Sa découverte la plus spectaculaire reste le tombeau de Huo Qubing, le 6 mars 1914. Ce monument lui avait été signalé par le *Shaanxi tongzhi* (les « Annales provinciales du Shaanxi ») à deux *li* du mausolée de l'empereur Wudi. Le *Hanshu* (« Histoire des Han »), de son côté, évoque la carrière brillante de ce général qui avait repoussé très loin vers l'ouest les Xiongnu et qui meurt foudroyé à vingt-quatre ans en pleine jeunesse, en 117 avant notre ère. Ce héros méritait de partager le champ funéraire impérial avec d'autres célébrités du temps, Huo Guang son frère, Wei Qing son oncle qui fut ministre et la belle Wei Zifu, sa tante, ornement des nuits impériales. Ainsi le souverain dans la mort restait entouré des siens, le valeureux cavalier, le fonctionnaire intègre, le ministre diligent, la concubine bien-aimée [fig. 5]. Cependant, le tertre de Huo Qubing diffère des autres monuments. Il ressemblerait au Qilianshan, un célèbre site de l'ouest chinois où Huo remporta une victoire décisive. D'énormes pierres ont été disposées sur ces pentes et dressent leurs étranges silhouettes – grenouille, poisson, ours, tigre, bœuf, sanglier, chevaux. Il se peut que l'on ait voulu suggérer quelque montagne merveilleuse, chaque élément semblant faire partie d'un tout organique. La dédicace *Zuocigong* (« Atelier de gauche »), incisée sur l'un des bas-reliefs, indiquerait une production des ateliers officiels. Cependant, l'un d'entre eux au volume plus robuste paraît plus remarquable. La statue n'a rien de gigantesque en soi mais elle figure un cheval et un homme d'une incontestable puissance. Le cheval au port fier, aux jambes courtes symétriquement disposées, campé sur une queue massive tombant jusqu'à terre, écrase ventre à ventre l'homme qui se débat sous lui. L'homme, un Barbare, oppose ses genoux à la bête et crispe ses orteils sur la queue. Il fouille le flanc de l'animal avec une pique. Sa tête énorme est encadrée d'immenses oreilles et d'une barbe hirsute qui vient se confondre avec le poitrail du cheval. Il n'y a pas de « trou d'air » entre les deux lutteurs, la matière est continue. Cette puissance enveloppante à la fois statique et mouvementée est obtenue par un métier sans concession [fig. 6].

    L'un des plus beaux morceaux de la sculpture chinoise venait d'être retrouvé. Segalen fit d'autres découvertes mais aucune ne dépassera celle-ci en intensité. Dix jours après cette journée de plénitude artistique, il écrit sa joie à l'un de ses amis,

Fig. 6
Le tombeau du général Huo Qubing avec au premier plan le cheval écrasant un Barbare.
Toutes les sculptures furent exécutées en permatite, roche très dure qui n'est entamée que par des outils d'acier.
Les travaux ont été réalisés peu après le décès du général par « Su Boya de Leling, préfecture de Pingyuan » comme l'atteste une inscription officielle.
Cliché Victor Segalen pris entre le 6 et le 8 mars 1914.
Archives photographiques du musée Guimet.

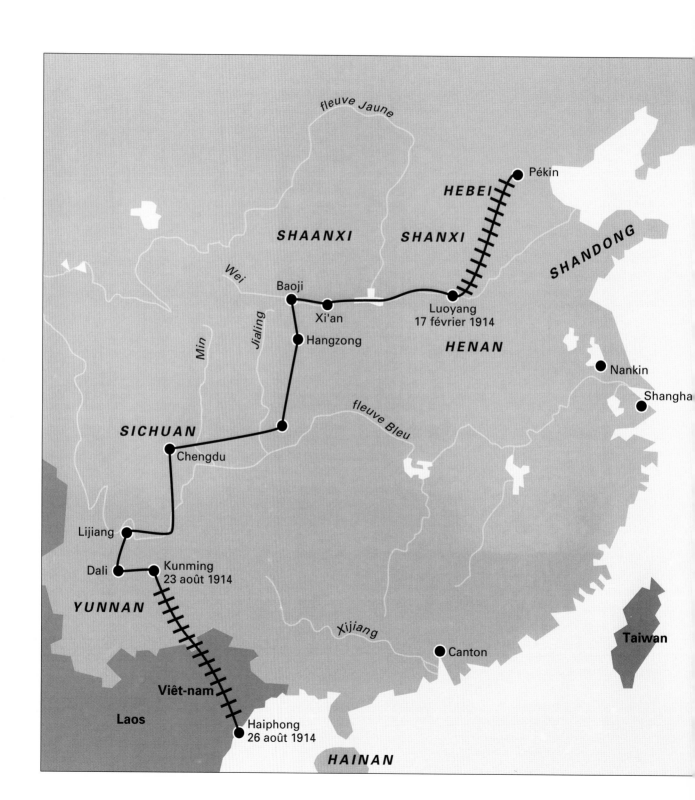

Fig. 7
Itinéraire de la mission Segalen
en 1914.

Itinéraire à cheval

Itinéraire en train

Georges-Daniel de Monfreid, en ces termes : « J'ai eu, ces jours derniers, la fortune de mettre la main sur la plus ancienne statue de pierre que l'art ait jamais signalée en Chine... Ce cheval est daté sans conteste de l'année 117 avant J.-C. Pour la première fois l'ère chrétienne est franchie. Par-dessus l'amusement du record battu, il y a ce fait que mon cheval est une belle chose [...]. » Un jalon de l'histoire, de l'archéologie et de l'art venait d'être posé. Il avait été érigé à l'emplacement de la sépulture d'un glorieux cavalier en l'honneur du cheval de l'homme et de leur étreinte indissolublement figée dans la pierre par le ciseau d'un sculpteur habile. La Chine et l'Occident scrutaient désormais les tombeaux avec un regard neuf. Chaque jour maintenant les pelles et les pioches des pionniers du chemin de fer ouvraient des tranchées dans le sol et sortaient d'autres effigies, la plupart en terre cuite, les *mingqi*, ces figurines habilement modelées et rehaussées de couleurs posées à froid ou vitrifiées. Les compagnies belges jouèrent un rôle important dans l'installation de ce réseau ferroviaire et certains de leurs ressortissants, notamment des ingénieurs avisés, commencèrent à collectionner ces objets. Aujourd'hui, le musée Guimet se réjouit que l'un des ensembles les plus prestigieux qui soit, la collection Jacques Polain de Bruxelles, vienne enrichir notre patrimoine [fig. 8]. Ce geste n'est pas seulement celui d'un homme de goût, mais aussi celui d'un Européen convaincu dont la largeur de vue abolit les frontières et a su reconnaître dans l'homme et le cheval en Chine un des grands moments de l'histoire universelle.

Fig. 8
Jacques Polain dans sa résidence bruxelloise.

1. J.-P. DESROCHES et M.-C. REY, *Chine des origines*, Paris, Réunion des musées nationaux, 1994, p. 137-140. Le présent catalogue, constituant le deuxième volet des récents enrichissements du musée Guimet en matière d'art chinois, débute précisément là où le premier s'achève.

2. E. CHAVANNES, traduit par, *Les Mémoires historiques de Se-Ma ts'ien*, tomes I à V, Paris, E. Leroux, 1895-1905 avec complément et index général, tome VI, Paris, A. Maisonneuve, 1969.

3. Ce trésor comporte plus d'un millier d'objets dont deux cents pièces d'orfèvrerie Tang et de nombreuses pierres précieuses et minéraux divers, améthyste, cinabre, cristal de roche, litharge, stalactite, etc. Retrouvé sur l'emplacement de la résidence du prince, il paraît vraisemblable que son fils, héritier de cette collection et qui vécut dans cette même demeure jusqu'en 756, la fit enterrer en hâte pour fuir la capitale avec l'empereur et ses proches au moment de la rébellion d'An Lushan. Il ne put sans doute jamais revenir. *Cf.* V. ELISSEEFF, *Trésors d'art chinois*, Paris, Petit Palais, 1973, n° 264-286.

4. Cité par A. SCHAPP, *La Conquête du passé*, Paris, Éditions Carré, 1994, p. 77-78.

5. *Ibid.*, p. 74.

6. E. CHAVANNES, *La Sculpture sur pierre en Chine*, Paris, E. Leroux, 1893, p. V.

7. Titre d'un article que Segalen adressera au *Mercure de France* pour défendre le peintre.

8. Ce petit texte fut rédigé à l'occasion d'une excursion à bicyclette dans le sud du Finistère, en 1899. L'auteur avait tout juste vingt et un ans.

9. V. SEGALEN, *Chine. La Grande Statuaire*, Paris, Flammarion, 1972.

1 Dalle gravée *huaxiang shi*

Henan ou Shandong
Époque des Han postérieurs
Ier-IIIe siècle de notre ère
Grès noir
H. : 84 cm ; L. : 66 cm
Musée national des Arts asiatiques-Guimet
(MA 77)

L'art funéraire de l'époque Han voit la vogue des murs peints ou gravés. Le décor de la tombe du défunt est alors prétexte à une sorte de mise en scène de la société Han et de ses mythes. Ainsi, les dalles gravées peuvent courir le long des murs, couvrir la totalité des panneaux de la chambre funéraire ou des couloirs y conduisant, être placées à hauteur d'homme. Elles présentent un récit en différents épisodes, illustrant simplement un moment significatif de la vie terrestre du défunt ou encore évoquant une légende ayant trait à l'immortalité.

Le décor de la dalle ici présentée est obtenu par simple évidage de la pierre autour du sujet avec le souci de garder une surface plane ou très légèrement arrondie. Ce graphisme est particulier aux dalles Han. Il est organisé en plusieurs registres où alternent des figures et des frises à motifs géométriques. Au centre de la partie supérieure, deux oiseaux, sans doute des Phénix, se font face. Entre les deux, trois points disposés en triangle évoquent peut-être une constellation. Puis se succèdent trois bandes striées en léger relief, respectivement à motifs d'obliques, de vaguelettes, puis de losanges. Viennent ensuite deux bandes ornées de lambrequins formant les bordures supérieure et inférieure du registre principal. Sur celui-ci se détachent – sur fond de stries

verticales – deux créatures fantastiques au corps de dragon, aux pattes munies de serres mais à la gueule inhabituelle tenant du corbeau ou du canard. Elles semblent se retourner en situation de défense contre un personnage central – un Immortel ou un jongleur ? – qui, agenouillé face à la chimère de droite, paraît la tenir à distance en brandissant une flamme. Le personnage est par ailleurs entouré de rinceaux, de nuages et d'un oiseau posé sur l'une des flammèches disposées en roue qui donnent un mouvement de tourbillon à l'ensemble de la scène.

L'organisation linéaire de l'ensemble désigne cette dalle comme élément d'une composition plus large devant dérouler des thèmes symboliques qui pourraient appartenir au taoïsme, référence spirituelle essentielle de l'époque. Il reste cependant difficile de donner une signification précise à une iconographie dont le sens profond ne peut probablement qu'échapper aux regards modernes. On peut seulement imaginer qu'elle devait s'intégrer, de façon intelligible pour les contemporains du défunt, à l'esprit d'un lieu souterrain dans lequel toutes les énergies de la vie étaient censées se croiser avec autant de force et de réalité que dans la vie terrestre.

M.-C. R./ H. C. T.

2 Dalle gravée *huaxiang shi*

Époque des Han postérieurs
Ier-IIIe siècle de notre ère
Grès sombre
H. : 64 cm ; L. : 86 cm
Musée national des Arts asiatiques-Guimet
(AA 193)

La représentation gravée sur cette dalle de pierre appartient à un registre très fréquent mettant en scène, grâce à quelques éléments socialement « codés », des épisodes de la vie terrestre du défunt. Briques estampées, peintures murales et dalles gravées déroulent le récit de processions et de réceptions de personnages importants de la société Han s'étant rendus au domicile du maître des lieux, ou encore des sorties, voyages et promenades de celui-ci dans les environs des villes.

Ici, l'évocation de l'architecture élégante d'un pavillon d'habitation par le dessin d'un portique à consoles, surmonté de deux lions et de deux Phénix, les serviteurs entourant le personnage principal assis sur une couche basse à petits pieds, les deux voitures attelées à un fringant coursier et dont l'une est surmontée d'un oiseau fantastique, probablement l'oiseau Jinwu, sont des éléments qui renvoient au décor et au mode de vie de l'aristocratie Han. La scène figurée se veut probablement le rappel de l'accueil, à la demeure du défunt, de visiteurs de marque ayant compté dans sa vie. Il est à noter qu'elle est conçue comme un moment délibérément isolé, ne devant donc pas s'intégrer à un récit linéaire, comme dans le cas de la pièce précédente. Ce que confirment les motifs de festons sur les tranches de la pièce.

C'est par ces décors sur dalles et peintures murales que l'on connaît l'essentiel de l'organisation de l'espace Han, moins facilement imaginable au vu des *mingqi*, conçus comme des éléments isolés dans l'espace (*cf.* par exemple les tours n° 3 et 4).

M.-C. R./ H. C. T.

Tour de guet *shuishang louge*

Henan
Époque des Han postérieurs
Ier-IIIe siècle de notre ère
Terre cuite rouge à glaçure plombifère
et tracés de couleur
H. : 90,5 cm
Musée national des Arts asiatiques-Guimet
(MA 5971)

Bibliographie
M.-C. REY, *Arts asiatiques*, t. XLIX, 1994,
p. 103-104, fig. 24.

Les représentations de tours de guet en *mingqi* appartiennent à un type d'objet en vogue à l'époque des Han postérieurs : la maquette d'architecture. Au moment où le nombre et la puissance des fiefs augmentent, face à un pouvoir central en crise, les nouveaux grands domaines qui se constituent visent à l'autosuffisance tant économique que politique. On assiste alors au développement d'un habitat qui permet à la fois la subsistance alimentaire de ces domaines (*cf.* le grenier à grains n° 7), et une meilleure protection, avec construction de murailles et de tours de guet, éléments défensifs tenus par des milices armées par les propriétaires.

En Chine du Nord, essentiellement au Shaanxi, Shanxi, Shandong, Henan, Hebei et Gansu, les tours sont, comme celle présentée ici, à plusieurs étages, tandis que dans le Sud l'élévation est limitée à un seul corps de bâtiment, à l'assise plus large [1]. De nombreux exemples sur dalles ou peintures funéraires ainsi que les textes anciens témoignent de ce que ces édifices étaient placés dans des lieux stratégiques : en retrait des bâtiments principaux du domaine seigneurial, sur des murailles, des ponts ou des collines, et jusque sur des chars ou des bateaux.

La tour est en effet conçue comme une structure mobile qui se monte selon les circonstances et les besoins. Élément familier de l'environnement de la Chine des Han, reconnue par tous dans ses fonctions de guet et de défense, elle appartient tout naturellement au répertoire des *mingqi*, d'autant plus que sa charge symbolique tend comme dans l'Occident médiéval à affirmer l'importance et l'indépendance des féodaux. Le modèle en réduction est alors chargé d'insister sur les composants qui mettent en avant les finalités économiques et défensives dont découlera la force politique. La vie domestique est ici marquée par les animaux de basse-cour qui se tiennent autour du bassin symbolisant un étang, tandis que les archers placés sur les deux plates-formes du bâtiment en élévation renvoient au contexte défensif. Quant à l'évocation des détails des techniques architecturales, elle se fait par des tracés de couleur et des évidements restituant de façon schématique mais clairement lisible l'utilisation du bois pour les balustrades, les piliers, le dernier étage à claire-voie ou la charpente des toits [2].

M.-C. R./H. C. T.

1. Pour une étude plus approfondie sur les tours selon les styles régionaux, voir deux articles de C. J. LEWIS, « Tall Towers of the Han », *Orientations*, août 1990, p. 45-54 ; « Tall Pottery Towers and their Archaelogical Contexts », in *Spirit of Han*, Singapour, 1991, p. 50-58.
2. Plusieurs œuvres de conception proche, plus ou moins élaborées, ont été exhumées dans la province du Henan, par exemple une pièce provenant de Sanshengwan, district de Lingbao, reproduite dans *Kôga bunmei ten*, Tokyo, 1986, n° 93 ; d'autres tours sur bassin circulaire avec une architecture aérée ont été découvertes à Liujiaqu, district de Shaan ; *cf. Kaogu Xuebao*, n° 1, 1965, p. 137, fig. 26, pl. V-3, VI-1, XII-2. Pour ce même style de structure, voir également *Spirit of Han, op. cit.*, cat. n° 184, 187, 188.

Tour de guet *shuishang louge*

Henan
Époque des Han postérieurs
Ier-IIIe siècle de notre ère
Terre cuite rouge à glaçure plombifère
H. : 95 cm
Donation J. Polain
Musée national des Arts asiatiques-Guimet
(MA 6085)

Bibliographie
J. POLAIN, *Passion for Asia. A European Collection*,
Louvain-la-Neuve-Paris, Duculot, 1992, n° 10.

Reprenant pour l'essentiel la structure en élévation caractéristique des modèles de la Chine du Nord (*cf.* n° 3), cette seconde tour de guet marque une évolution vers des fonctions défensive et symbolique encore plus affirmées. Construite en cinq parties, elle est plus chargée à la fois en détails d'architecture, personnages et symboles.

Le bassin de section carrée ne renvoie pas ici à la vie rurale mais plutôt à des douves, élément défensif important [1]. Elles sont bordées d'un probable chemin de ronde flanqué à l'avant de deux tourelles *que* dont un premier toit latéral délimite sans doute un abri pour un poste de garde. Construite à mi-hauteur de l'élévation reposant sur quatre pieds en arc massif, une terrasse est protégée par un large toit à quatre pans où alternent couverture plane et tuiles en demi-canal descendant sur une seule rangée depuis le faîte jusqu'à la bordure du toit. La pente du toit, comme celle du dernier étage, est brisée, ce qui donne la légère courbure si caractéristique des toits en Asie orientale qui semblent alors relevés aux quatre coins par des fils invisibles, d'où l'impression de grande élégance.

La fonction défensive du bâtiment est également clairement soulignée par le type de personnages disposés aux différents niveaux. À l'avant, entre les deux tours et en position centrale, probablement le propriétaire (dont il faut se souvenir qu'il est le défunt), dans une attitude de maître des lieux ; latéralement, en vis-à-vis, deux personnages non armés, sans doute occupés à faire leur ronde ; à l'arrière, deux arbalétriers en position de tir. Le même type de personnages se retrouve sur la plate-forme : un personnage cen-

tral, peut-être un autre responsable du domaine, et aux angles, quatre arbalétriers prêts à tirer.

La fonction symbolique est, quant à elle, soigneusement marquée selon des modèles dont certains viennent, inchangés, du néolithique. Animaux aquatiques et mythiques sont répartis en différents endroits : poissons, crustacés, batraciens et canards dans les douves ; à l'aplomb de la tour elle-même, une tortue ; sur les ouvertures, portes et fenêtres, oiseaux du Sud et tigres de l'Ouest ou créature fantastique à corps de chien et tête humaine.

Cette abondance des références associant sur un même élément différents niveaux réalistes et symboliques participe d'un long processus de transformation allant de la tour de plaisance ou de chasse pouvant servir d'observatoire ou de trésorerie à cet édifice symbolique entre tous de l'architecture chinoise, la pagode.

M.-C. R./H. C. T.

1. Une pièce très proche sur une douve de section carrée et flanquée de deux *que* à l'avant a été exhumée à Liujiaqu, district de Shaan au Hena ; *cf. Kaogu Xuebao*, n° 1, 1965, pl. VI-2, fig. 27, p. 138. Une autre tour semblable, mais sans les deux *que*, provient de Zhangwan, district de Lingbao au Hena ; *cf. Wenwu*, n° 11, 1975, pl. XIII-2, illustré également dans *Trésors d'art de la Chine*, Bruxelles, 1982, fig. 123, p. 153.

L'architecture funéraire des Han

206 avant notre ère – 221 de notre ère

Jean-Paul Desroches

Ses fondements spirituels

Le culte des ancêtres forme un continuum unique dans l'histoire de la Chine. Il sert constamment de levain civilisateur et diffère en cela des autres religions aux lustres éphémères. Aussi est-il naturel que la plupart des reliques exhumées depuis trente ans relèvent de tombes. Ce sont en effet les sépultures qui donnent le sens et assurent la cohérence à ces séries d'objets. Le mobilier funéraire, dès le VIIIe millénaire, avant même les sources écrites, atteste une volonté de survie après la mort. Ces tendances, avec la centralisation du pouvoir sous les Shang (1722-1050), autour du souverain et de ses proches, vont connaître un incroyable développement. Les onze tombes royales d'Anyang, avec leurs richesses inestimables, supposent une singulière concentration de moyens, sans parler des hécatombes comme ce cortège macabre de plus de trois cents victimes dans la fosse 1001. Sous les Zhou (1050-221), les sacrifices humains sont progressivement délaissés et Confucius (552-479) lui-même se dresse contre cette pratique [1]. Le temps devient celui de l'humanisme éclairé et, à compter du IIIe siècle avant notre ère, la conservation des corps revêt un soin particulier [2]. Cette préoccupation découle d'un principe métaphysique envisageant l'homme comme un être doté de deux âmes, le *po* et le *hun*, que la mort séparera. Le *po* concentre le *yin*, l'élément féminin. Le *hun* dérive du *yang*, l'élément masculin. Le *po* est d'essence matérielle, il anime le corps. Le *hun* présente un caractère spirituel et se manifeste par le souffle *qi*. Après la mort, le *po* erre dans la terre tandis que le *hun* retourne au ciel. La bannière peinte de Mawangdui, découverte en 1973 sur le cercueil de la marquise de Dai (morte vers 168 avant notre ère) offre l'illustration la plus aboutie de ces cartes magiques qui décrivent le cheminement des âmes après le décès. À une époque où le taoïsme prend le pas sur toutes les autres philosophies religieuses, il ne faut pas s'étonner de voir s'agréger à ces notions des techniques alchimiques qui visent à la survie. Avec les Han postérieurs (8-221) et l'introduction du bouddhisme s'infiltrera l'idée de rétribution.

Toutes ces croyances seront à la base de la construction des tombes. Aussi, avant d'établir une sépulture dans un lieu donné, convient-il de faire appel aux *fengshui xianshang,* les géomanciens. Ils étudient les éléments constructifs de l'espace, visibles ou invisibles, reliefs, cours d'eau, vents, etc. À l'issue de ce diagnostic, afin de positionner avec exactitude leur propos, ils utilisent depuis les Han la « cuiller qui montre le sud », autrement dit, la boussole. L'exercice a pour objet de déterminer un *xue*, c'est-à-dire un point où se concentre le souffle vital. Le *xue* pour une tombe se situe généralement en profondeur et il convient de creuser non seulement au bon endroit mais encore à la profondeur voulue car à un centimètre près un site auspicieux peut se métamorphoser en un lieu maléfique. Installer une tombe revient à faire bénéficier le défunt – et par voie de conséquence sa parenté – des conditions optimales d'un lieu, tout en se prémunissant des âmes errantes, un grave fléau qui risque, par la suite, de hanter les vivants. La tombe apparaît avant tout comme un système symbolique avec ses propres exigences, notamment en matière d'offrandes. Le monde de l'au-delà réclame en fait les mêmes soins que celui d'ici-bas. Ainsi, jamais la construction d'une tombe ne s'improvise car elle va devoir obéir à un ensemble de prescriptions inéluctables.

30

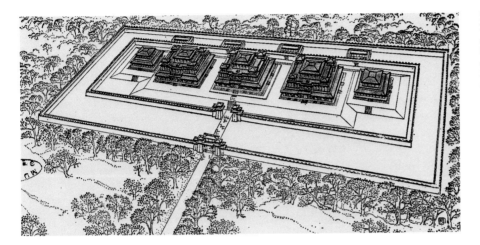

Ses composantes matérielles

Longtemps, notre connaissance relative à l'organisation des tombes reposait sur les vestiges extérieurs, ceux que mentionnent plus ou moins précisément les *Annales provinciales* et qui serviront aux premières expéditions européennes. Il est clair que cette lecture en surface demeure assez difficile du fait de son caractère lacunaire. En 1976, lorsque les archéologues vont entreprendre de fouiller la tombe de Fu Hao, ils remarqueront les traces d'un édicule placé au-dessus du caveau. Cette révélation, loin d'être anodine, jette d'un seul coup un éclairage nouveau sur la nécropole d'Anyang, envisagée au préalable principalement dans ses strates souterraines. Toutefois, pour imaginer l'aspect de ces premières architectures aériennes, il a fallu la découverte, en 1977, dans l'hypogée du roi Cuo, du plan du complexe funéraire de Zhongshan près de Shijiazhuang au Hebei [fig. 1]. Ce *zhaoyutu,* tracé à l'échelle sur une plaque de bronze sertie d'or, démontre la grandeur de cet ensemble édifié vers 314 et pillé dès 296 par le roi de Zhao [3]. Trois bâtiments placés sur de hautes terrasses inscrites dans un vaste enclos muré, avec des portes axialisées, avaient été édifiés sur l'emplacement des sépultures. L'orientation, le mur d'enceinte, et quelques bâtiments bien ordonnés, semblent caractériser les grandes tombes royales de la plaine centrale à la fin des Royaumes combattants. Sous les Han, progressivement, les tombes paraissent se développer le long d'un axe, le *shendao.* On est en droit, d'ailleurs, de se demander s'il ne s'agit pas d'une sorte de réplique aérienne de la longue rampe d'accès que l'on trouve dans le sol pour chaque tombe importante depuis les Shang. Cette « voie sacrée » va bientôt être soulignée par une double rangée de figures de pierre. L'emploi de ce matériau durable indique sans doute un désir de pérennité. Ces ponctuations placées de part et d'autre de l'allée se répondent symétriquement. Au fil des siècles, leur ordonnancement devient presque immuable. Cet emplacement signifiant enchaîne les œuvres dans une logique graduelle pour former un tout indissociable. Leur fonction surnaturelle va conduire les iconographes à des

Fig. 2
Tour de guet de Yangshi, reconstitution
de la face antérieure. Situé dans
le district de Mianyang au Sichuan,
cet édifice fait partie d'une paire étudiée
par la mission Segalen en mai 1917.
Il est composé d'un pilier
et de son contrefort coiffé
d'un entablement multiple,
orné de combats d'animaux et de scènes
équestres en semi ronde bosse.

représentations étranges résultant d'un amalgame composite d'éléments divers. Ailes, cornes, écailles, flammèches habilement associées engendrent un bestiaire hybride à la limite du fantastique. La réforme des obsèques, à partir du Iᵉʳ siècle de notre ère, accentue la place donnée à ces *shendao*.

Les célébrations des enterrements ne se contentaient plus de manifestations à l'extérieur de l'enceinte funéraire, mais vont être transférées sur la tombe elle-même. Ces cérémonies étant le prétexte à d'importantes réunions contribuent à faire évoluer les tombes en lieu de représentation avec des salles sacrificielles précédées de voies processionnelles. Le développement de pareils aménagements va entraîner de lourds investissements pour les familles. Mais, étant donné qu'il s'agit d'affirmer publiquement et souvent de manière ostentatoire le prestige du clan, on ne lésine pas sur les dépenses. C'est ainsi que les tours de guet *que*, les premiers monuments placés à l'entrée du champ funéraire, servent à mettre en avant ces ambitions. Elles ouvrent l'allée et sont vues de tous. D'après les textes, leur coût élevé correspond à quatre années de salaire d'un haut fonctionnaire, ou quinze maisons, ou quarante chevaux de ferme, ou huit serviteurs [fig. 2]. Initialement, sous les Zhou, ces tours devaient être rattachées aux enceintes qui servaient à différencier clairement le séjour des morts de celui des vivants. Sous les Han, les *que* n'indiquent pas seulement l'entrée, elles induisent une élévation verticale en symbolisant le passage de l'âme du défunt dans le monde des esprits. Après les *que*, au bout de la « voie sacrée », se trouve le tertre dont l'élévation marque le grade ou le rang social du défunt et de son clan.

Les mausolées des empereurs

Les nombreux mausolées impériaux des Han qui subsistent dans la région de Xi'an témoignent encore de nos jours des fastes funéraires. Tous les souverains des Han antérieurs depuis Gaozu (206-195) jusqu'à Xuandi (74-49) iront jusqu'à concevoir des « villes funéraires » près de leurs tombeaux. Une population va y être affectée avec un système de taxes qui permettra l'entretien. Aussi l'édification de ces complexes demande-t-elle de longues années et les annales mentionnent souvent les fréquentes visites des empereurs pendant les travaux. La coutume veut que chaque souverain entreprenne la construction de sa tombe dès la deuxième année de son règne. Les tombes des impératrices étaient plus petites que celles de leurs époux et disposées à l'est. À côté des sépultures impériales s'entassaient celles de leur proches. On en dénombre soixante-dix au Changling, le mausolée de Gaozu, cinquante-huit au Duling, trente-quatre au Yangling, etc. Jusqu'à maintenant, aucune tombe impériale n'a été ouverte, les vestiges découverts en sous-sol proviennent de trouvailles dans des fosses annexes. Le plus prestigieux des tombeaux, le Maoling, a été édifié par Wudi (141-87) à environ quarante kilomètres au nord-ouest de Xi'an [fig. 3]. À la différence des huit autres sépultures, le souverain confiant dans la défense de son empire n'a pas hésité à choisir un site distant de la capitale. Sa construction va s'étendre sur près de cinquante ans. Plus de deux cent cinquante mille personnes

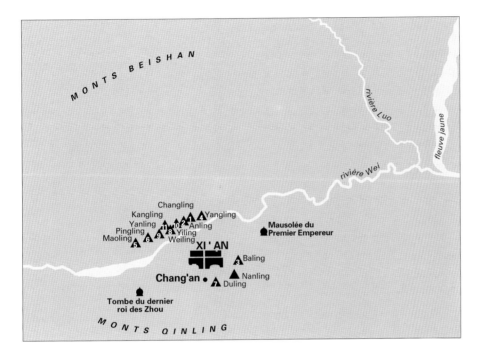

travailleront dans le parc de sa nécropole. L'enceinte, avec ses murs de près de six mètres d'épaisseur, mesurait dix-huit cents mètres. Le tumulus principal forme un carré de deux cent trente mètres de côté et s'élève à quarante-six mètres. On a repéré encore trois édifices importants, un temple pour les objets personnels et les *regalia*, un deuxième utilisé par les visiteurs pendant les jours d'observance, et un troisième destiné au culte proprement dit de l'empereur défunt [4]. Quelques objets retrouvés sur le site suggèrent le luxe des lieux : rhinocéros en bronze pour tiédir l'alcool, brûle-parfum en bronze doré dont le pied imite la canne d'un bambou, grand masque en néphrite blanche [5]… Avec le Maoling, le Duling, mausolée de Xuandi entrepris à partir de 72 avant notre ère au sud-est de Xi'an, elle reste la tombe la mieux documentée [6]. Aujourd'hui encore, on distingue de loin ses deux tertres jumeaux consacrés à l'empereur et à l'impératrice. Les fondations d'une vaste salle mesurant cinquante et un mètres par trente ont été retrouvées. De nombreuses figurines nues et représentées de façon naturaliste ont été exhumées [7].

Les tombeaux des princes

Bien que l'on ne possède que très peu d'informations sur les palais souterrains des empereurs Han, il est possible de procéder à d'intéressantes déductions dans la mesure où nous connaissons certaines tombes princières. Celles-ci, en effet, sem-

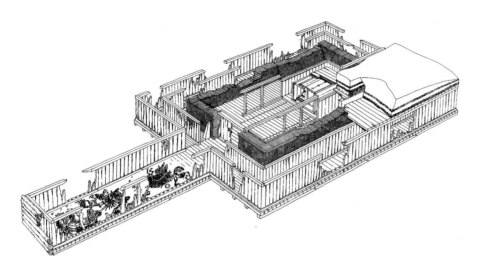

Fig. 4
Salle principale de la tombe de Liu
Sheng (155-113), prince de Zhongshan,
creusée dans le roc à trente mètres
en dessous du sommet du mont Ling
à Mancheng au Hebei. Une structure
de bois avec un toit en tuiles
transformait cette caverne en véritable
palais ouvrant directement sur le caveau.
Parmi les offrandes déposées,
on reconnaît plusieurs vases *hu*
comparables aux vases n° 5 et 6.

Fig. 5
Relevé archéologique de la tombe
de Liu Jian, prince de Guangyang,
datant du milieu du Iᵉʳ siècle avant notre
ère à Dabaotai près de Pékin. Le long de
la rampe d'accès, plusieurs chars attelés
de chevaux réels étaient disposés en
ligne. La chambre
en bois est nommée *huangchang tizou*
(intestins jaunes alignés),
allusion à la couleur de la grume
fraîchement coupée, dénomination due
à Yan Shigu dans le *Hanshu*,
chapitre « Biographie de Huo Gang ».

blent être des modèles réduits des grandes sépultures impériales. Le *Hou Hanshu* (« Annales des Han postérieurs »), au chapitre « Huanglan », indique des mesures qui paraissent confirmer cette hypothèse. Pour les Han antérieurs, il convient de distinguer deux types principaux, l'un à plan axial, l'autre à plan central. Le meilleur exemple pour le modèle axial a été exhumé à quelque cent cinquante kilomètres au sud-ouest de Pékin, à Mancheng, en 1968 [fig. 4]. Il s'agit de deux tombes jumelles creusées dans la même falaise mesurant chacune cinquante mètres de long et quarante mètres de large. La rampe d'accès forme un long passage clos par de lourdes portes en pierre scellées. L'accès lui-même avait été comblé avec des matériaux de remblai. Les chambres et leurs annexes sont distribuées le long de cet axe. Des réserves servaient au stockage des offrandes. Elles sont complétées par six chariots et leurs équipements. La salle principale mesure plus de quinze mètres de long et son plafond atteint sept mètres. À l'extrémité, on trouve une sorte de caveau en pierre. Cet aménagement est complété par une galerie périphérique. Ce grandiose palais funéraire riche de deux mille huit cents objets avait été creusé avec des outils métalliques à la fin du IIᵉ siècle avant notre ère. Les occupants du lieu furent des personnages puissants. Liu Sheng, prince de Zhongshan, était le frère de l'empereur Wudi. Il mourut en 113 avant notre ère. Son épouse, la princesse Dou Wan, fut inhumée dans la tombe voisine [8]. C'est à cette époque que commence à prendre place une nouvelle coutume qui consiste, non plus à inhumer les époux dans des caveaux séparés, mais dans une seule chambre, placés côte à côte. Cette modification entrera dans les usages principalement sous les Han postérieurs. Désormais, la tombe doit être suffisamment spacieuse pour accueillir une seconde inhumation. Elle suppose encore un accès aisé.

Le second type, à plan central, est aussi très répandu. Il existe aussi bien des exemples en pierre qu'en bois. La tombe de Dabaotai, dans la proche banlieue de Pékin, reste l'un des modèles les mieux conservés [Fig. 5]. Le site, d'ailleurs, a été

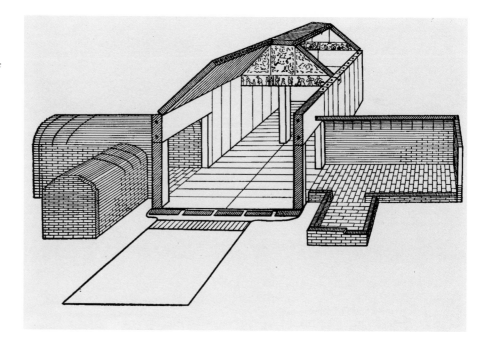

transformé en musée [9]. On accède à la chambre par une rampe très large. La tombe elle-même consiste en un empilement de poutres définissant un rectangle interne de près de onze mètres par seize avec des murs hauts de trois mètres. Une double galerie entoure l'espace central. Les piles de bois sont amoncelées dans le sens de l'épaisseur pour constituer une meilleure protection. Le cercueil lui-même compte cinq parois successives. Il semble que cette sépulture corresponde à celle du prince de Guangyang, décédé en 45 avant notre ère. On connaît d'autres tombes avec un plan comparable réalisées en pierre ou en brique. Vers la fin des Han antérieurs et à partir du Iᵉʳ siècle de notre ère, la brique l'emporte. Des édits, pour protéger le patrimoine forestier, incitent à construire les demeures funéraires principalement avec des *kongxinzhuan,* sortes de grandes briques creuses en terre grise souvent à décor estampé en forme de madriers oblongs. Cette évolution est bien représentée à Shaogou au nord de Luoyang [10]. Ces tombes comportent de grands linteaux ornementaux triangulaires qui supportent un plafond à deux pans avec une arête médiane exécutée à l'aide de ces *kongxinzhuan* [fig. 6]. Des dispositions semblables furent reprises en pierre au Henan et au Shandong dans le nord du Jiangsu et à certains endroits du Shaanxi. Il s'agit en fait de versions simplifiées des exemples princiers destinés plutôt à des fonctionnaires. L'intérêt principal de ces réalisations réside dans leur décoration.

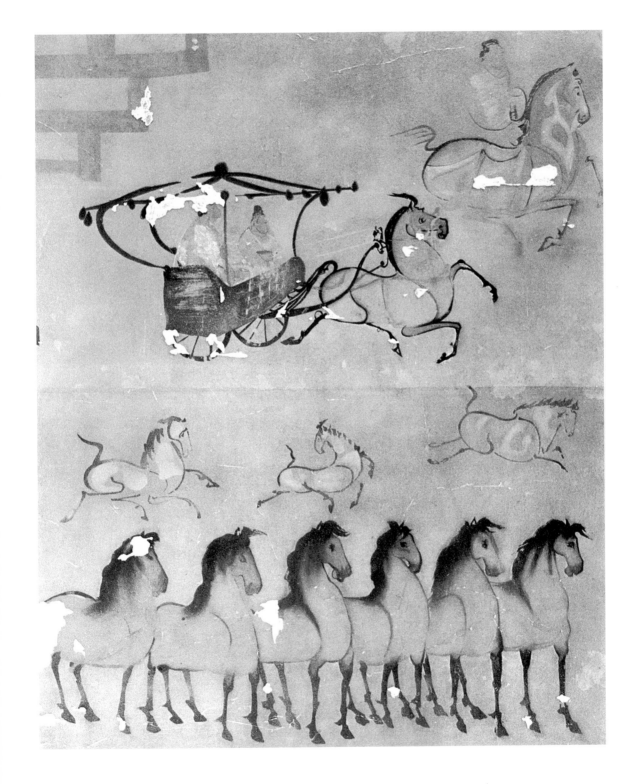

Les tombes des fonctionnaires

La société sous les Han postérieurs connaît de profondes mutations et l'architecture funéraire se fait l'écho de ces changements. La multiplication des tombes de ces agents de l'État est tout à fait significative. L'hypogée n° 1 de Wangdu, découvert au Hebei en 1952, se présente comme une sorte de mémorial [11]. Le défunt porte le titre de *zhujishi* (maître des archives). Il figure assis, confortablement installé sur une couche avec devant lui sa pierre à encre, le chef couvert d'un *lianggguan,* coiffure caractéristique de son rang. Il reçoit ses subalternes qui viennent s'incliner devant lui de manière respectueuse. Sur le mur de l'ouest, ce sont les fonctionnaires civils ; sur celui de l'est, les militaires avec des hallebardes, commandés par un de leur supérieur. Toutefois, il existe un exemple plus intéressant encore qui a été retrouvé en 1972 à Helinge'er en Mongolie intérieure [12]. Il illustre cette expansion coloniale chinoise avec son administration mutée aux frontières de l'empire. Les archéologues datent cette tombe de la seconde moitié du IIe siècle, voire au début du IIIe siècle. Elle offre une véritable biographie de son propriétaire avec la représentation des étapes les plus importantes de sa carrière. Tous les stades sont évoqués, de sa nomination au premier échelon, *xiaolian,* au deuxième, *lang,* puis au troisième, *zhangshi,* c'est-à-dire gouverneur militaire jusqu'à commandant en chef, puis magistrat de district et, pour finir, colonel chargé d'une région. Suivant ainsi ses diverses affectations, on découvre des lieux célèbres de l'époque, signalés par des inscriptions telles que la passe de Juyong guan ou la ville de Wucheng. On est aussi introduit dans des scènes familières de la vie quotidienne : activités agricoles d'un manoir, élevage des chevaux, des bœufs, des moutons, labours [fig. 7].

De l'époque de Confucius à la fin des Han, la société chinoise a considérablement évolué, faisant la part belle à l'humanisme. L'homme, mesure de toute chose, a apprivoisé un territoire immense ; l'aurait-il pu sans ce compagnon fidèle que fut le cheval ? On comprend qu'il ait tenu à le faire figurer aussi bien sur sa dernière demeure qu'à l'intérieur, qu'il fût empereur, prince ou fonctionnaire.

1. Les fouilles comme les textes attestent la disparition des sacrifices humains autour du Ve siècle avant notre ère et leur remplacement par des effigies. Par exemple, dans la prestigieuse sépulture de Yi, marquis de Zeng, mort vers 433 avant notre ère, on ne dénombre plus que sept victimes sacrificielles. À partir du IIIe siècle avant notre ère, les écrits mentionnent indifféremment des mannequins en paille, en bois ou en céramique, les *mingqi,* littéralement « objet-substitut ». Le philosophe néoconfucéen Zhu Xi du XIIe siècle précise : « Dans la haute Antiquité, on confectionnait des mannequins en paille. On les utilisait comme serviteurs ou comme gardiens pour les défunts. Dans l'Antiquité moyenne, on les remplaça par des personnages qui avaient des visages et des yeux. »

2. Simultanément et en réaction à ce mouvement, on verra un petit groupe d'individus, se recommandant du taoïsme, s'élever contre ces pratiques qu'ils considèrent contraires aux lois naturelles. Le *Mozi* développe cet argument dans un paragraphe intitulé « De la modération en matière d'enterrements ». Un peu plus tard, au IIIe siècle dans le contexte Qin, deux chapitres du *Lüshi Chunqiu,* « De la modération dans les funérailles » et « De la tranquillité des morts », se dressent contre un luxe inutile et qui a pour effet d'exciter la convoitise des pilleurs de tombes. Sous les Han, une sorte de catalogue de modèles exemplaires apparaît dans les chroniques historiques. Le *Qian Hanshu* mentionne le célèbre Wang Sun, personnage qui aurait voulu être enterré nu, en contact direct avec

la terre. On retrouve une exigence du même ordre chez Zhao Ci qui demandera de déposer au fond de son cercueil une couche de terre afin de hâter la décomposition. Le *Hou Hanshu* évoque de son côté deux champions de ce retour à la simplicité initiale, un certain Zhang Huan, mort en 181, et Lü Zhi, mort en 192. (*Cf.* J. GERNET, *L'Intelligence de la Chine*, Paris, Gallimard, 1994, p. 155-168.)

3. *Treasures from the Tombs of Zhong Shan Guo Kings : an exhibition from the People Republic of China*, Tokyo, 1981, p. 180-181, n° 3 ; L. : 94 cm, l. : 48 cm.

4. LUO Zhongru, « Shaanxi Xingping xian Maoling kancha », *Kaogu*, 1964, n° 2, p. 86-89.

5. WANG Zhijie et ZHU Jieyuan, « Han Maoling ji qi peizang fujin xin faxian de zhong yao wenwu », *Wenwu*, 1976, n° 7, p. 51-56.
Institut d'archéologie du Shaanxi, « Shaanxi Xingping xian chutu de gudai qianjin tong xizun », *Wenwu*, 1965, n° 7, p. 12-16.
MOU Anzhi, « Shaanxi Maoling yihao wuming zhong yihao congzang keng de fajue », *Wenwu*, 1982, n° 9, p. 1-17.

6. LIU Qingzhu et LI Yufang, « 1982-1983 nian Xi Han Duling de kaogu gongzuo shouhuo », *Kaogu*, 1984, n° 10, p. 887-894.

7. J.-P. DESROCHES et M.-C. REY, *Chine des origines*, Paris, Réunion des musées nationaux, p. 150-151, n° 60.

8. *Mancheng Han mu fajue baogao*, Beijing, Wenwu Press, 1980.

9. *Dabaotai Han mu*, Beijing, Wenwu Press, 1985.

10. *Luoyang Shaogou Han mu*, Beijing, Kexue Press, 1959.

11. *Wangdu Han mu bihua*, Beijing, Chinese Classic Arts Press, 1955.

12. *Helinge'er Han mu bihua*, Beijing, Wenwu Press, 1978.

Henan, Hebei ou Shanxi
Époque des Han antérieurs
IIe-Ier siècle avant notre ère
Terre cuite peinte
H. : 60 cm
Donation J. Polain
Musée national des Arts asiatiques-Guimet
(MA 6086)

Bibliographie
J. POLAIN, *Passion for Asia. A European Collection,* Louvain-la-Neuve-Paris, Duculot, 1992, n° 9.

1. Un certain nombre de ces vases *hu* en terre cuite peinte a surtout été exhumé aux alentours de Luoyang dans la province du Henan, en particulier à Shaogou ; *cf.* AKIYAMA Terukazu, *Arts of China*, Tokyo, 1968, vol. II, n° 113-114, 133, 136. Cependant, stylistiquement, le *hu* Polain ressemble davantage aux pièces qui proviennent du district de Shuo au Shanxi ; *cf. Wenwu*, n° 6, 1987, pl. I-II à IV, pl. IV-1 ; ainsi qu'aux vases exhumés de la tombe de Liu Sheng (mort en 113 avant notre ère) à Mancheng au Hebei, reproduits dans *Mancheng Hanmu fajue baogao*, Pékin, Wenwu chubanshe, 1980, vol. I, fig. 89-2, vol. II, pl. LXXIX-1, 2. Une autre pièce avec le même traitement d'aplats blancs provenant du Shaanxi est reproduite dans *Wenwu cankao ziliao*, n° 10, 1954, pl. XX.

Forme à grande diffusion sous les Han, le vase *hu,* bouteille (ou *zhong,* mesure à liquide ou à grains), trouve son origine dans des modèles antérieurs en bronze, présents dans le mobilier funéraire de la période des Royaumes combattants (V^e-IIIe siècle avant notre ère). À l'époque Han, la forme est reprise en bronze avec incrustations d'or ou d'argent, en laque, ou, comme pour la pièce présentée ici, en terre cuite.

Montées au tour, de telles pièces sont hautes sur pied. Celle-ci a conservé son couvercle légèrement bombé. La matière peu cuite reste veloutée au toucher et à l'œil. Cela permet à la polychromie du décor de se fondre dans le support d'une façon harmonieuse et douce qui fait tout le charme de ce type d'œuvre. L'essentiel du registre décoratif reprend les formes et la disposition des modèles métalliques antérieurs. C'est le cas des deux bandes de la panse. Elles sont peintes et inscrites dans un relief qui renvoie aux cercles d'or ou d'argent ceinturant les pièces de bronze. De même, les aplats de couleur enroulés et cernés de blanc ont leur origine dans les incrustations d'argent réparties sur le corps des *hu* métalliques. Enfin, les deux masques de *taotie* moulés et rapportés – situés de part et d'autre du vase – sont une référence directe, bien que symbolique, aux porte-anneaux de bronze, les *pushou*.

Cependant, malgré ces fidélités au modèle originel, on perçoit nettement une évolution du décor dans le sens d'une plus grande nervosité graphique, faisant passer des motifs un peu statiques de l'orfèvrerie aux motifs ondés et calligraphiques de l'art du pinceau [1].

M.-C. R./H. C. T.

6 Vase *hu*

Henan
Époque des Han antérieurs
IIe-Ier siècle avant notre ère
Terre cuite peinte
H. : 52,5 cm
Musée national des Arts asiatiques-Guimet
(EO 2779)

Bibliographie
Madeleine P. DAVID, « Oriental Ceramics », in *The World's Great Collections*, Tokyo, Kodanska, 1977, vol. VIII, pl. I, p. 309.

1. *Cf.* P. C. STURMAN, « Celestial Journeys, Meditations on (and in) Han Dynasty Painted Pots at the Metropolitan Museum of Art », *Orientations*, mai 1988, p. 54-67 ; M. PIRAZZOLI-T'STERSTEVENS, *La Chine des Han*, Fribourg, Office du Livre, 1982, ill. 27, 28, 30.

2. Une pièce très proche a été exhumée à Luoyang en 1961, reproduite par Mary TREGEAR et Shelagh VAINKER dans *Tesori d'Arte in Cina*, Novare, Istituto Geografico de Agostini, 1993, p. 177. Il en existe de nombreux exemples portant des décors similaires dans les collections hors de Chine. On peut citer par exemple le Metropolitan Museum of Art de New York, le Museum of Fine Arts de Boston, l'Ostasiatiska Museet de Stockholm, l'Avery Brundage Collection de San Francisco, etc. Le British Museum de Londres possède une œuvre plus décorative, probablement postérieure à la série citée ci-dessus, reproduite par M. PIRAZZOLI-T'STERSTEVENS, *op. cit.*, ill. 71, p. 113.

Comme la pièce précédente, ce *hu* est monté au tour et repose sur un haut pied. Bien que le couvercle ait disparu, l'œuvre demeure remarquable du fait de la maîtrise de son décor organisé selon un schéma classique d'entrelacs de nuages et de diagonales sur la panse et délimitée par des filets de couleur claire. Ces motifs sont repris sur le col et inscrits dans de larges triangles à pointes tournées vers le bas.

Ce registre ornemental est une référence au monde magique des Immortels peuplé d'êtres fantastiques tel que l'a imaginé la culture du Chu sous les Royaumes combattants (475-221 avant notre ère). Une vision mythique de l'univers domine alors toute l'expression artistique et littéraire. Transmise aux générations ultérieures, on la retrouve exprimée sur les différents cercueils laqués de la marquise de Dai à Mawangdui, morte vers 168 avant notre ère. Les coloris chatoyants donnés aux nuages évoquent le monde céleste traversé par le souffle en mouvement de l'âme *hun* [1]. Le succès de ce thème pourrait expliquer que, sous Wudi des Han (141-87 avant notre ère), un empereur empli d'une singulière aspiration à l'immortalité, soient créés en nombre des *boshanlu*, ces brûle-parfums matérialisant dans les trois dimensions ce registre magique de montagnes et de nuées habitées.

C'est donc d'une remarquable permanence iconographique dont témoigne ce *hu,* héritier à la fois des techniques des orfèvres et de celles des peintres [2].

M.-C. R./H. C. T.

7 Grenier à céréales *he*

Shaanxi ou Henan
Époque des Han antérieurs
IIe-Ier siècle avant notre ère
Terre cuite polychrome
H. : 36 cm
Collection particulière

Bibliographie
J. POLAIN, *Passion for Asia. A European Collection*, Louvain-la-Neuve-Paris, Duculot, 1997, n° 11.

1. Voir un article de synthèse sur ce sujet par ZHUO Zhengxi et DU Baoren, « Lun Qin Han shiqi de cang » (À propos des greniers sous les Qin et les Han), *Kaogu yu wenwu*, n° 6, 1982, p. 84-93, 103.

Marquée par une logique de conquête, la société Qin (221-206 avant notre ère), appuie son pouvoir sur la notion d'autonomie économique des territoires conquis. L'importance stratégique d'une région ou d'une ville est évaluée en particulier en fonction de ses capacités de réserve et de ravitaillement. Sous les Han, il s'agit d'intensifier l'exploitation économique des régions conquises. L'on assiste donc pour les deux périodes au développement de toute une infrastructure administrative et économique. La conception des bâtiments du monde rural se transforme pour s'adapter aux besoins de grands domaines. Ainsi, répondant à ces exigences nouvelles, les greniers à grains se multiplient, selon des modes adaptés aux différentes difficultés de conservation. L'attention portée en particulier aux problèmes d'aération ou d'inondation se traduit par une surélévation de ces édifices dans les régions du Sud, avec de véritables pilotis. Ce fait explique l'omniprésence du thème du grenier à céréales parmi le mobilier funéraire, dalles gravées, peintures ou *mingqi* [1]. Dans le même esprit, des textes sur lamelles de bambou précisent la capacité de ces greniers ou le rendement de la région. Une fois encore, on voit combien le monde funéraire Han n'est pas un au-delà au sens occidental du terme, mais bien une réplique du monde réel.

Ressemblant par sa forme à ce que sera plus tard en Europe le silo à grains, le grenier chinois présente une grande variété de formes. Celui-ci est à base circulaire et désigné par le terme *he*, pour être distingué des greniers à base carrée ou rectangulaire, les *cang*. Il repose sur trois petits pieds droits. Le corps cylindrique a été monté au tour. Il s'évase vers le haut et se termine par une figuration en relief d'un toit à charpente extérieure couvert d'une forme conique amovible. À l'exception de ce dernier détail, la pièce ne comporte pas d'indication d'architecture, en particulier de fenêtres ou d'escalier. Le parti pris est celui de lignes simples, bien marquées par une structure géométrique équilibrée, donnant à l'ensemble une silhouette tronconique originale et élégante.

Un décor peint indique plusieurs niveaux. Disposés autour de la base, des animaux évoquent le monde de la ferme, canards, coqs et rats. Au-dessus se développent des motifs de nuages traités en volutes blanches et rouge orangé, classiques sous les Han (*cf.* les n°s 5 et 6). Puis viennent, en deux bandes, une sorte de « décor au peigne » – est-ce l'évocation d'une frise de bois sculpté ? – suivi d'un large aplat coloré à nouveau en rouge orangé. Enfin, à la base du large évasement, un quadrillage pourrait suggérer les ouvertures nécessaires à l'aération du bâtiment.

M.-C. R./H. C. T.

8 Guerrier à la lance

Shaanxi
Époque des Han antérieurs
IIe siècle avant notre ère
Terre cuite avec pigments rouges et noirs sur engobe blanc
H. : 57 cm
Donation J. Polain
Musée national des Arts asiatiques-Guimet
(MA 6087)

Bibliographie
J. POLAIN, *Passion for Asia. A European Collection*, Louvain-la-Neuve-Paris, Duculot, 1992, n° 7.

1. Les archéologues ont mis récemment au jour les statuettes de soldats en armure dans les fosses annexes du tumulus Yangling de l'empereur Jingdi (156-141 avant notre ère), près de Xianyang au Shaanxi. Celles-ci témoignent de la continuité de la tradition Qin au début des Han ; *cf. Wenwu*, n° 6, 1994, p. 4-23, 30. Par ailleurs, les statuettes *bingma yong* ont été exhumées des fosses attenantes à une tombe princière du royaume des Chu sur le site de Shizishan à Xuzhou au Jiangsu ; *cf. Wenwu*, n° 12, 1986, p. 1-16, pl. couleur, pl. I-IV. De plus, dans la tombe n° 11 qui accompagne le tumulus Anling de l'empereur Huidi (194-188 avant notre ère) sur le site de Langjiagou (*cf. Kaogu*, n° 5, 1981, p. 422-425, pl. IX) ainsi que dans les tombes n° 4 et 5 qui accompagnent le tumulus Changling de l'empereur Gaozu (206-195 avant notre ère) sur le site de Yangjiawan (*cf. Wenwu*, n° 3, 1966, p. 1-5, pl. couleur, pl. I-II ; *Wenwu*, n° 10, 1977, p. 10-21, pl. I-III), tous deux près de Xianyang, la présence de telles statuettes en fantassin ou en cavalier atteste cette pratique courante d'inhumation réservée aux personnages de haut rang dans l'empire des Han antérieurs.

2. Voir note 1 et également *Trésors d'art de la Chine, op. cit.*, 1982, p. 109-125.

Depuis les origines de la civilisation chinoise, les rites funéraires passent par plusieurs étapes. À l'âge du bronze (IIe-Ier millénaire), sous les Shang (XVe-XIe siècle) puis sous les Zhou (XIe-IIIe siècle), les serviteurs sont enterrés vivants avec leur maître. La conscience de la cruauté de telles pratiques, critiquées en particulier par Confucius (551-479), amènera, sous les Royaumes combattants (475-221), leur remplacement progressif par des substituts de terre cuite ou de bois. Ceux-ci sont placés dans des fosses annexes à la chambre funéraire du défunt. À la mort du premier empereur – en 210 avant notre ère – il sera inhumé selon sa propre volonté avec toute une armée de terre cuite. Les Chinois désignent ce type de statuettes sous le terme de *bingma yong* (statuettes funéraires en soldats et chevaux). Cette pratique se prolonge sous les Han, dans les tombes impériales et princières ainsi que dans les mausolées des grands généraux, de remplir les fosses attenantes à la chambre funéraire d'une armée en réduction [1]. Les pièces sont certes de taille inférieure aux soldats et chevaux grandeur nature de Qin Shihuangdi mais l'esprit présidant à la production de ces *mingqi* est le même : il s'agit de restituer, dans le monde du défunt, ce qui a fait sa puissance. Or, les hommes au pouvoir dans la société Han sont parfaitement conscients de l'importance qui leur a été donnée par les armes, d'où la fréquence du thème dans le mobilier funéraire.

Le guerrier présenté ici est stylistiquement très proche des figurines exhumées à Yangjiawan, sur le site de la tombe du général Zhou Bo ou de son fils Zhou Yafu [2]. Les pièces, groupées par sujets – fantassins, cavaliers – avaient été inhumées à proximité du tumulus du Changling, le mausolée de l'empereur Gaozu (206-195). Dans les fosses, elles furent trouvées rangées en ordre de bataille, restituant une image de l'armée sous les empereurs Wendi (179-157) et Jingdi (156-141), au début de la dynastie, avant les grandes conquêtes menées par Wudi (140-87).

Armé d'une lance, le soldat appartient à ces unités de fantassins qui représentent encore la force majeure de l'armée chinoise, en raison de leur importance numérique. Ceux-ci sont placés à l'avant des chars et de la cavalerie qu'ils protègent et dont ils peuvent en retour espérer de l'aide. Équipés d'armes employant largement le fer, ils sont vêtus légèrement : tunique courte croisée sur la droite à la mode chinoise, pantalon bouffant aux genoux, bandes molletières, sandales souvent lacées, en fibre végétale. Les coiffures dont le type peut varier, du bonnet au turban serré, visent à contenir des cheveux parfois ramenés en chignon sur le sommet du crâne ou sur la nuque.

Proche, plastiquement, du cavalier n° 10, répondant aux besoins d'une évocation par une image fortement caractérisée plus qu'à une recherche d'ordre naturaliste, ce type de personnage apparaît dans une posture quelque peu figée. Cependant, il tire son charme d'une silhouette saisie d'un trait dans ses lignes essentielles, un savoir-faire où excelle depuis toujours l'artisan chinois.

M.-C. R./H. C. T.

9 Guerrier au bouclier

Shaanxi
Époque des Han antérieurs
IIe siècle avant notre ère
Terre cuite avec pigments rouges et noirs sur engobe blanc
H. : 50 cm
Donation J. Polain
Musée national des Arts asiatiques-Guimet
(MA 6088)

Bibliographie

J. POLAIN, *Passion for Asia. A European Collection*, Louvain-la-Neuve-Paris, Duculot, 1992, n° 6.

1. Une statuette très proche, mais cuirassée, a été exhumée à Yangjiawan ; *cf. Tomb Treasures from China. The Buried Art of Ancient Xi'an*, San Francisco, Fort Worth, 1994, cat. n° 23.

2. Cette forme de bouclier composé de deux parties symétriques datant des Royaumes combattants est reproduite par CHENG Dong et ZHONG Shaoyi dans *Zhongguo gudai bingqi tuji* (Recueil d'illustrations des armes anciennes chinoises), Pékin, Jiefangjun chubanshe, 1990, pl. IX.

Très proche, stylistiquement, de la pièce précédente, ce guerrier avec bouclier est traité cependant de manière légèrement différente [1]. Sans doute appartient-il à une unité au rôle plus offensif que le précédent. Son bouclier, son attitude – le visage relevé et le regard levé scrutant droit devant – le rendent plus présent. Même le corps, ceint pourtant du même vêtement, semble plus « étoffé ». Ces quelques éléments permettent de souligner tout le soin porté à la conception de la statuaire funéraire. Le sculpteur choisit de moduler l'importance du personnage traité en jouant sur sa présence ou son effacement symboliques.

Le bouclier à décor géométrique est directement hérité des formes (ou des modèles) en bois laqué ou en cuir de l'époque des Royaumes combattants [2] (V[e]-IIIe siècle). Quant à la lance, non conservée, elle devait être en fer. La période Han voit en effet un développement accéléré de la métallurgie. Elle deviendra la plus importante des industries sous Wudi (141-87). Peu à peu, des armes d'acier de grande qualité remplacent les armes de bronze.

L'homme porte un bonnet probablement, à double revers à l'avant et tenu par une jugulaire. Il est vêtu du même uniforme à trois épaisseurs que la pièce n° 8 mais traité avec une plus grande ampleur. Le poids des étoffes est très nettement apparent aux trois cols et au niveau des poignets. Se terminant en une sorte de spirale drapée croisée dans le sens inverse de la fermeture à droite du manteau, la tunique s'arrête un peu au-dessus des genoux, au niveau de la partie la plus bouffante du pantalon court. Les jambes sont protégées par des bandes molletières et se terminent par des sandales légères, sans doute en fibre végétale, laissant deviner la morphologie du pied.

M.-C. R./H. C. T.

10 Cheval et cavalier

Shaanxi
Époque des Han antérieurs
IIe siècle avant notre ère
Terre cuite polychrome
H. : 70 cm
Donation J. Polain
Musée national des Arts asiatiques-Guimet
(MA 6089)

Bibliographie
J. POLAIN, *Passion for Asia. A European Collection*, Louvain-la-Neuve-Paris, Duculot, 1992, n° 5.

1. *Cf. Wenwu*, n° 3, 1966, pl. I ; *Wenwu*, n° 10, 1977, pl. I ; également dans *Trésors d'art de la Chine, op. cit.*, 1982, cat. n° 28.

2. Depuis la fouille de Yangjiawan, il en existe de nombreux exemples hors de Chine dont celui de la collection Polain, tous exécutés dans ce style caractéristique sans doute du style de la métropole autour de la capitale Chang'an. Ainsi peut-on citer une œuvre comparable conservée dans la collection T. T. Tsui ; *cf. The Tsui Museum of Art, Chinese Ceramics I, Neolithic to Liao*, Tsui Museum of Art,
Hong Kong, 1993, pl. XVI.

Les chevaux font partie de longue date de l'histoire de la Chine. C'est au IVe siècle avant notre ère, à l'époque des Royaumes combattants, que la cavalerie est introduite dans l'armée du roi Wuling de Zhao pour combattre les nomades menaçant perpétuellement les frontières du Nord. Jusqu'alors, les chevaux étaient utilisés pour la traction de chars peu commodes demandant la protection de l'infanterie. La cavalerie permettra des engagements beaucoup plus rapides grâce à des cavaliers-archers capables de tirer depuis leur monture, comme les guerriers des steppes.

De très nombreuses figurines de cavaliers datant des années 179-141 ont été trouvées sur le site de Yangjiawan, à Xianyang, au Shaanxi [1]. La pièce ici présentée en est stylistiquement très proche [2]. Ces figurines doivent matérialiser, dans le monde funéraire, le nouveau rôle stratégique de la cavalerie. Dans la tombe, elles sont rangées en ordre de bataille.

Notre cavalier et sa monture forment un ensemble curieusement démontable : l'animal et le bassin du cavalier sont conçus en une même partie, sur laquelle est montée, au niveau de la taille, le torse du soldat ; par ailleurs, la queue du cheval est mobile. Ces quelques éléments apparemment anodins signalent en fait que la pièce est conçue en série, des modifications de détails permettant de diversifier les figurines. De nombreux ensembles importants étaient ainsi produits plus facilement. Variés quant aux types représentés, ils répondaient aux objectifs symboliques de ces objets.

Ainsi, c'est à l'image de l'homme sur sa monture – tenant à la main une lance aujourd'hui disparue – que l'importance est ici donnée. Une réelle attention est portée au costume avec un rendu fidèle de la tunique courte associée à un pantalon s'arrêtant aux genoux et matérialisé par une petite bande de couleur. La selle de cuir est posée sur un tapis de selle figuré par un aplat de couleur blanche. L'usage des étriers semble encore inconnu. Quant au cheval, probablement de Samanthian, il est un peu hiératique, tenant plus de la bête de parade, avec son semis de fleurettes blanches et sa queue nouée, que de la monture d'un guerrier. Les pièces s'attachant à une représentation plus vivante de l'animal viendront ultérieurement. On a cependant déjà là l'expression de la sensibilité à une nouvelle fonction et à une nouvelle esthétique du cheval, qui n'est plus simple élément de transport ou de traction mais auxiliaire précieux de l'homme.

M.-C. R./H. C. T.

11 Cheval debout

Shaanxi
Époque des Han antérieurs
IIe-Ier siècle avant notre ère
Terre cuite grise avec engobe blanc et traces de pigments bleus
H. : 59 cm
Donation J. Polain
Musée national des Arts asiatiques-Guimet
(MA 6090)

Bibliographie
J. POLAIN, *Passion for Asia. A European Collection*, Louvain-la-Neuve-Paris, Duculot, 1992, n° 16.

1. *Cf. Wenwu*, n° 9, 1982, pl. I, illustré aussi dans *Tomb Treasures from China, the Buried Art of Ancient Xi'an, op. cit.*, 1994, cat. n° 16.

2. Des statuettes de chevaux semblables à celle-ci ont été exhumées dans le four n° 1 d'époque Han, en activité surtout sous Wudi (140-87 avant notre ère), sur le site de Liucunbao, correspondant au quartier des ateliers impériaux dans la zone nord-ouest de la capitale Chang'an ; *cf. Kaogu*, n° 1, 1991, p. 21, fig. 8. Une autre pièce comparable est par ailleurs illustrée dans *Spirit of Han, op. cit.*, 1991, cat. n° 37, p. 92.

C'est en tant qu'individu isolé exaltant la splendeur d'un animal admiré et saisi en dehors de toute fonction précise que semble avoir été conçu le cheval gris présenté ici. Une œuvre funéraire d'importance découverte récemment illustre bien le regard nouveau des Han sur un type différent de celui des chevaux d'attelage ou de cavalerie : il s'agit d'une pièce en bronze doré, exhumée à Xingping au Shaanxi dans l'enceinte du Maoling, le mausolée de l'empereur Wudi (141-87 avant notre ère), dans une tombe attribuée à sa sœur, la princesse Yangxinchang [1]. Ce bronze est le produit de l'observation attentive d'un animal de race dont on cherche à exprimer la beauté et l'élégance, et non pas l'usage ou la rapidité, comme dans le cas des « coursiers célestes » menant à vive allure leurs attelages.

Morphologiquement, notre cheval gris tient à la fois du poney mongol bien campé sur ses jambes, au dos court, robuste et cambré, et offre la tête haut placée et fière des pur-sang originaires d'Asie occidentale, les fameux caspiens, ancêtres du cheval arabe. Figurés dans des œuvres égyptiennes et perses entre 1200 et 500 avant notre ère, on sait que ces chevaux seront les montures de peuples d'Asie centrale avec lesquels les Chinois eurent des contacts par l'intermédiaire d'ambassadeurs, tel Zhang Qian. Ce dernier restera une douzaine d'années à l'Ouest, envoyé en 138 avant notre ère par Wudi auprès des souverains de Sogdiane, des petits États d'Asie centrale et de la Bactriane pour tenter des alliances contre les Xiongnu puis les Wusun. C'est probablement dans de telles circonstances que les Han ont pu découvrir de magnifiques espèces bien différentes de leurs poneys, espèces qu'ils désigneront souvent du nom très imagé de « chevaux qui suent le sang », peut-être en référence à leur robe truitée. La grande qualité de l'œuvre rappelle immanquablement les créations émanant des ateliers impériaux [2].

M.-C. R./H. C. T.

Dame assise

Époque des Han
Terre cuite grise à engobe blanc et polychromie
H. : 40 cm
Donation J. Polain
Musée national des Arts asiatiques-Guimet
(MA 6091)

Bibliographie
J. POLAIN, *Passion for Asia. A European Collection*, Louvain-la-Neuve-Paris, Duculot, 1992, n° 15.

1. Nous pouvons très bien imaginer que nos dames n° 12 et 13, debout, ressembleraient à une statuette féminine découverte sur le site de la capitale des Han antérieurs à Chang'an, près de l'actuel Xi'an ; *cf. Tomb Treasures from China. The Buried Art of Ancient Xi'an, op. cit.*, 1994, cat. n° 26. Quant à la position assise, une dame portant une robe au bas très ample, assise sur les talons, a été exhumée sur le site de Renjiapo à Xi'an ; *cf. Kaogu*, n° 12, 1976, pl. IX-1.

2. *Cf. Mixian Dahuting Hanmu*, Pékin, Wenwu chubanshe, 1993, pl. couleur XXXIX.

3. La peinture est conservée au British Museum de Londres, reproduite par N. VANDIER-NICOLAS, *Peinture chinoise et tradition lettrée*, Fribourg, Office du Livre, 1983, fig. 5, p. 20.

4. On retrouve ce même traitement du volume géométrique et abstrait dans une pièce de facture beaucoup plus fruste conservée dans la collection de la famille C. C. Wang, reproduite par A. L. JULIANO, *Bronze, Clay and Stone*, Seattle et Londres, University of Washington Press, 1988, n° 16.

C'est probablement dans des pièces légèrement antérieures découvertes au Shaanxi qu'il faut chercher l'origine du type de statuette présenté ici [1]. On passerait de modèles féminins à la silhouette longiligne marquée par une taille très fine et se terminant en une base confondue avec le bas de la robe et traitée de manière rectiligne à l'arrière, à un type extrêmement rare de dame assise. Il est exceptionnel de pouvoir en présenter comme ici deux spécimens (*cf.* n° 13).

La position près du sol est, depuis la plus haute antiquité, familière au monde chinois. Dans les scènes d'intérieur sur les peintures murales et dalles funéraires de l'époque Han, les personnages se rencontrent et se reçoivent autour d'un mobilier bas comme on le voit par exemple sur la dalle n° 2, où le maître de maison accueille assis jambes repliées selon les préceptes confucéens du savoir-vivre. De la même façon, une peinture murale du site de Dahuting, district de Mi, au Henan, datant de la fin des Han orientaux, montre – dans une scène de banquet – un groupe de dames assises dans une position similaire [2].

On peut par ailleurs se référer à la peinture de Gu Kaizhi (actif au IVᵉ siècle), *Nüshizhen tu, Admonition de la monitrice aux dames du palais* [3]. On y voit des dames se coiffant devant leur miroir sur pied, à une hauteur adaptée à la position assise. Cette scène livre quelques éléments d'information sur le mobilier propre au domaine des femmes. On peut imaginer qu'à travers la pièce présentée ici, nous découvrons une même position familière caractéristique des femmes de la haute société. À la manière dont les bras sont posés sur l'ample volume de la robe, on devine une habitude de ce type d'attitude où le repos peut se faire dans la grâce et l'abandon que permet le retrait dans le monde clos du gynécée. Il n'y a en effet ici rien de l'attente réservée qui caractérise habituellement les personnages féminins (*cf.* n° 14, 15, 16 et 17), sans doute saisis dans une attitude beaucoup plus marquée par les convenances.

En terre cuite grise à engobe très couvrant, la figurine est moulée dans sa partie supérieure, tandis que la base est modelée puis lissée au couteau. Le vêtement, très simple, est souligné, au niveau du buste et des manches, par des lignes de couleur rose et ocre. La figurine, tout en ayant une forme voisine de l'abstraction [4], manifeste, comme la suivante (*cf.* n° 13), la recherche d'un idéal de beauté féminine fait de finesse et de délicatesse. L'expression du visage est empreinte d'un indéfinissable sourire qui prélude d'une certaine façon à l'esthétique des Wei.

M.-C. R./H. C. T.

Époque des Han
IIIe siècle avant notre ère-IIIe siècle de notre ère
Terre cuite grise à engobe blanc et polychromie
H. : 38 cm
Collection particulière

Bibliographie
Orientations, mai 1988, p. 85 (vente Christie's, New York, 10 décembre 1987, lot 103).

De conception identique au modèle précédent, cette pièce provenant d'une collection particulière est la parfaite réussite d'un genre dont on a déjà souligné l'originalité et la signification (*cf.* n° 12).

La céramique grise à engobe blanc épais est couverte, au niveau du visage et du cou, d'une couleur rose restituant la carnation de la peau. Des lignes géométriques adoucies structurent la composition pyramidale d'une silhouette stylisée mais où les détails de la physionomie et du vêtement sont très subtils. Le visage géométrique est animé par des yeux en amande, un nez droit qui descend vers une bouche aux lèvres fines et relevées en une moue un peu moqueuse. Les oreilles sont allongées et percées, sans doute pour la fixation d'un bijou. Les cheveux sont relevés en chignon et couverts d'une coiffe sur laquelle subsistent des traces de couleur verte. À l'avant de la coiffure est posé ce qui semble être un médaillon.

Le maintien très élégant du personnage tient à l'équilibre entre le buste mince et souple aux petits seins écartés – détail anatomique extrêmement rare sur des silhouettes féminines chinoises – et les bras pris dans de grandes manches et reposant gracieusement au niveau des poignets, de part et d'autre de l'ample volume constitué par la robe. Celle-ci est probablement en soie, puisque aucune recherche d'épaisseur n'est matérialisée, au niveau de l'encolure en particulier, comme il est de tradition dans les autres statuettes (*cf.* n° 14, 15, 16, 17). Par son volume exceptionnel, la robe sert donc de base à la statuette. Elle se prolonge à l'arrière en une sorte de traîne terminée de façon quasi rectiligne, ce qui permet d'asseoir la statuette et de la disposer plus aisément dans la tombe.

M.-C. R./H. C. T.

14 Dame debout

Chine du Nord
Époque des Han antérieurs
IIe siècle avant notre ère
Terre cuite à engobe blanc et polychromie
H. : 78 cm
Donation J. Polain
Musée national des Arts asiatiques-Guimet
(MA 6092)

Bibliographie
J. POLAIN, *Passion for Asia. A European Collection*, Louvain-la-Neuve-Paris, Duculot, 1992, n° 2.

1. *Cf.* M. PIRAZZOLI-T'STERSTEVENS, *op. cit.*, ill. 21. On peut citer également la bannière de Jinqueshan dont le style se rapproche de celui de Mawangdui ; *cf. Wenwu*, n° 11, 1977, pl. I.

2. Plusieurs statuettes féminines exhumées dans les tombes datant du début des Han antérieurs au IIe siècle avant notre ère préludent sans doute à la pièce Polain, ainsi les numéros 15 et 16 qui sont stylistiquement moins hiératiques, imprégnées d'une certaine douceur dans le visage ; par exemple, une pièce exhumée à Hongqingcun près de Xi'an, *cf. The Quest for Eternity*, *op. cit.*, cat. n° 19 ; deux statuettes provenant de la tombe n° 4 à Yinqueshan (district de Linyi) au Shandong sont reproduites dans *Wenwu*, n° 6, 1975, pl. IX-1 à 4 ; deux autres figurines provenant également de Linyi à Jinqueshan se rapprochent le plus des pièces Polain et Calmann (n° 15) ;
cf. Wenwu, n° 11, 1977, fig. 4, p. 26.
3. Pour les pièces comparables, *cf.* C. HENTZE, *op. cit.*, pl. XXV-B ; *Spirit of Han*, *op. cit.*, cat. n° 33.

Cette dame debout appartient, par son costume, à la catégorie des personnages de l'aristocratie, très en vogue parmi les thèmes des *mingqi*. L'une des références picturales classiques est la bannière de Mawangdui au Hunan (168 environ avant notre ère), où la marquise de Dai est représentée avec ses suivantes [1]. La coiffure et le vêtement sont caractéristiques de ce qui se porte alors de plus élégant.

Les cheveux noirs sont séparés par une raie au milieu et délicatement bombés au-dessus des tempes sur lesquelles ont été pratiqués deux petits trous servant probablement à placer un bijou. On sait en particulier que la mode était au *buyao* – ornement fixé par une épingle – qui contenait une fleur ou un animal en miniature et d'où pendait un collier en pierres de couleurs. Le visage plein met en évidence les caractères morphologiques : faible modelé, yeux fendus remontant vers les tempes, sourcils dessinés d'un trait net, nez petit, bouche mince.

Dans son maintien, la figurine participe de cette même élégance [2]. Les robes terminées en corolle sont portées aussi bien par les femmes que par les hommes de la Cour, mais elles sont réservées à la catégorie la plus haute, les autres n'ayant droit qu'à la robe droite (*cf.* n° 17 et 18). Cette convention permet au sculpteur de donner à la statuette une base très caractéristique. On doit l'ampleur de la partie supérieure du corps aux manches très larges qui dissimulent les bras et les avant-bras. Ceux-ci sont discrètement relevés. On voit encore les deux orifices dans lesquels devaient être placées des mains amovibles. La succession des trois vêtements réglementaires est bien visible. Lignes et volumes des encolures sont marqués par des différences d'épaisseur soulignées par trois couleurs. On distingue le col relevé d'une chemise près du corps, le col croisé d'une robe et le manteau en V, fermé, sur le côté droit. Ourlant le manteau, des bandes ocre et brun figurent un galon et une ceinture de soie.

M.-C. R./H. C. T.

15   Dame debout

Chine du Nord
Époque des Han antérieurs
IIe-Ier siècle avant notre ère
Terre cuite à engobe blanc et polychromie
H. : 76,8 cm
Collection M. Calmann
Musée national des Arts asiatiques-Guimet
(MA 3916)

1. De telles pièces sont assez nombreuses dans les collections hors de la Chine ; à citer par exemple la Freer Gallery de Washington, Staatliches Museum für Völkerkunde de Munich. Pour d'autres pièces semblables, *cf.* OKAZAKI T., *Ceramic Art of the World*, *op. cit.*, vol. X, fig. 262, p. 250 ; *Spirit of Han*, *op. cit.*, cat. n° 31, 32.

Comme la pièce précédente (n° 14), cette statuette exprime les conceptions de l'élégance et de la beauté des milieux aristocratiques Han. L'attitude est quelque peu différente cependant par le fait de variations dans certains détails et par une stylisation encore plus marquée, avec en particulier une accentuation des masses triangulaires de la silhouette.

La coiffure adopte la forme du chignon à deux coques placées haut, de part et d'autre des tempes. À l'arrière, les cheveux sont très relevés, découvrant largement la nuque. Le visage blanchi à l'engobe se distingue par ses deux pommettes fardées d'un rouge vif. Le jeu des lignes des arcades sourcilières, du nez et de la bouche donne une impression de grande délicatesse. Les manches amples de la « robe à trois cols » *(sanchongren)* – terme par lequel on désignait parfois ces vêtements laissant voir les trois épaisseurs – découvrent ici des mains jointes devant et semblant cachées dans une sorte de manchon percé en haut et en bas. Sous le manteau court rouge, le bas de la robe, qui sert de socle, se soulève dans une sorte de mouvement en spirale.

Une telle sculpture, bien que moulée [1], n'est pas stéréotypée, l'artisan ayant travaillé à rendre les grandes lignes qui enveloppent la forme et donnent présence et réalité à l'œuvre. La fraîcheur qui émane des *mingqi* n° 14, 15 et 16 illustre la quête d'une sorte de langage tout à la fois simple, familier et bon enfant et se différencie nettement de la série des dames assises et des servantes debout (*cf.* n° 12, 13 et 17) appartenant à un monde plus sophistiqué, voire hiératique.

M.-C. R./ H. C. T.

16 Dame à genoux

Chine du Nord
Époque des Han antérieurs
IIe-Ier siècle avant notre ère
Terre cuite à engobe blanc et polychromie
H. : 67 cm
Donation J. Polain
Musée national des Arts asiatiques-Guimet
(MA 6093)

Bibliographie
J. POLAIN, *Passion for Asia. A European Collection*, Louvain-la-Neuve-Paris, Duculot, 1992, n° 2.

1. Une pièce très proche est conservée à la Freer Gallery ; *cf. Oriental Ceramics. The World's Great Collections*, Tokyo, Kodanska, 1975, vol. X, fig. 9 ; pour d'autres pièces comparables, *cf.* E. SCHLOSS, *Ming-Chi, Clay figures Reflecting Life in Ancient China*, New York, 1975, cat. n° 28 ; *Art chinois, Néolithique, Dynastie Song,* collection Umberto Draghi, Musée royal de Mariemont, 1990, n° 20 ; une autre dame – avec le traitement de la position agenouillée plus réaliste – se trouve dans les collections du Los Angeles County Museum of Art, illustrée par George Kuwayama dans *Chinese Ceramics : the Heeramaneck Collection*, Los Angeles, 1973, pl. II.

Très proche du point de vue stylistique de la pièce précédente (même type physique, même costume) cette dame de Cour tire son intérêt de sa position agenouillée [1], moins courante dans le domaine des *mingqi*, mais dont on sait qu'elle correspondait au mode de vie de l'époque (*cf.* n° 12 et 13). Cette attitude semble ici correspondre à une posture de respect. Peut-être le personnage était-il à l'origine en position d'offrande présentant un objet posé sur les mains aujourd'hui manquantes, et dont ne subsistent que les orifices dans lesquels elles étaient encastrées. Le volume des genoux repliés sous la robe permet d'élargir l'assise constituée par le bas du vêtement. La silhouette un peu plus arrondie que celle des dames debout participe du même climat d'élégance spirituelle.

On retrouve par ailleurs l'intériorité de l'expression du visage ébauchant un sourire empreint de modestie, voire de timidité. Cependant, la véritable originalité de ce portrait émane de sa coiffure avec un volume de part et d'autre des tempes percées de deux ouvertures pour un éventuel bijou. Une raie est tracée sur le côté droit. À l'arrière, les cheveux descendent en un long chignon torsadé, retenus à mi-hauteur en une sorte de nœud et se terminant en une très fine mèche.

L'ensemble de ces statuettes de dames de Cour Han (n° 13 à 16) est intéressant pour la compréhension des canons de la beauté. Des traits si fins que les visages tendent à être ceux de miniatures, un maintien si guindé que les silhouettes semblent comme contenues à l'intérieur de lignes essentielles, à la fois souples et en tracé continu, le tout concourant à donner à ce type de figurine une présence émouvante. La tradition en remonte à l'époque des Royaumes combattants (476-221), où des modèles de bois présentent déjà une morphologie fortement stylisée, où domine la ligne souple et géométriquement simple. L'apport Han réside dans un traitement personnalisé des visages où doivent transparaître la sensibilité, la beauté et l'intériorité des personnages. N'oublions pas que ces *mingqi* furent façonnés pour des défunts et qu'ils doivent manifester le *qiyun,* c'est-à-dire le souffle de vie.

M.-C. R./H. C. T.

17　Servante debout

Shaanxi
Époque des Han antérieurs
IIe siècle avant notre ère
Terre cuite peinte avec engobe blanc et polychromie
H. : 59 cm
Donation J. Polain
Musée national des Arts asiatiques-Guimet
(MA 6094)

Bibliographie
J. POLAIN, *Passion for Asia. A European Collection*, Louvain-la-Neuve-Paris, Duculot, 1992, n° 4.

1. *Cf. Kaogu*, n° 2, 1976, pl. VIII-2 ; illustrées également dans *The Quest for Eternity*, Los Angeles, 1987, cat. n° 18.

2. À citer par exemple, Victoria and Albert Museum, Tokyo National Museum, Östasiatiska Museet de Stockholm, musée Cernuschi, Paris. D'autres pièces sont reproduites par C. HENTZE, *op. cit.*, 1928, pl. XXVI-A, XXVIII-A ; E. SCHLOSS, *Art of the Han*, New York, 1979, cat. n° 18 ; SUGIMURA Yuzo, *Chinese Sculpture, Bronzes and Jades in Japanese Collections*, Tokyo, Bijutsu Shuppan-sha, Honolulu, East-West Center Press, 1966, pl. V, etc.

Parmi les personnages accompagnant le défunt dans sa vie souterraine figuraient tous ses proches, dont le personnel domestique. Ce témoignage de l'importance sociale du maître des lieux est d'un grand intérêt documentaire, puisqu'il illustre un type social nouveau de la Chine des Han. Après les soldats, ce sont les gens de la vie quotidienne que nous découvrons.

Cette statuette de servante qui se tient debout dans une attitude réservée rappelle l'esprit des figurines de la tombe du premier empereur. Les lignes simples et nettes du visage aux traits lisses, unifiés à l'aide d'engobe blanc, des cheveux serrés près du front tirés sans coquetterie inutile derrière les oreilles pour être réunis en une sorte de chignon souple sur la nuque, l'évocation d'une présence empreinte de dépouillement et de gravité, tout concourt à la définition d'un âge classique.

Le vêtement lui-même marque l'appartenance au classicisme antique. Croisé sur le côté droit, il se distingue de celui des Barbares croisé sur le côté gauche. Il est constitué de trois kimonos traditionnels, un premier de couleur vive, près du corps et à l'encolure en V ; une robe droite au tissus épais, au col souple, légèrement relevé, aux manches larges se terminant par des plis arrondis aux poignets ; un manteau bordé de couleur à l'encolure, laissant apercevoir la robe en bas et aux manches. Cette mise s'achève par un pantalon serré aux chevilles et des escarpins légers à bout carré.

Tous ces détails vestimentaires sont indiqués par petites touches, avec un outil arrondi, permettant un travail en douceur de la matière après les opérations de moulage et démoulage et avant séchage complet. Il convient de signaler que des pièces très proches ont été exhumées récemment à Renjiapo, près de Xi'an, dans la fosse annexe de la sépulture de l'impératrice Dou, qui date des environs de 135 avant notre ère [1]. Cette série est d'ailleurs bien représentée dans les grands musées asiatiques hors de Chine [2].

M.-C. R./H. C. T.

Shaanxi
Époque des Han antérieurs
IIe siècle avant notre ère
Céramique grise à engobe rouge
H. : 60 cm
Don Guignard
Musée national des Arts asiatiques-Guimet
(MA 3802)

Bibliographie
« Acquisitions », *Revue du Louvre,* n° 4, 1977, p. 254, fig. 4.

1. J.-P. DESROCHES, M.-C. REY, *Chine des origines, op. cit.,* 1994, n° 60, p. 150-151.

2. *Cf. Wenwu,* n° 4, 1992, p. 4, fig. 9-14, pl. I-II couleurs, pl. I-II. De telles pièces ont été également exhumées dans les fosses annexes du tumulus Changling de Gaozu (206-195 avant notre ère), premier empereur des Han ; *cf. Tomb Treasures from China, the Buried Art of Ancient Xi'an, op. cit.,* 1994, cat. n° 19, 20, ainsi que près du tumulus Maoling de l'empereur Wudi.

3. D'après les fouilles sur le site de Liucunbao où se trouvait le quartier des ateliers impériaux de la capitale Chang'an sous les Han antérieurs (près de l'actuel Xi'an) ; ces deux types de statuettes (vêtues et nues) sont produits parallèlement, ce qui confirme l'hypothèse de ces pratiques funéraires parallèles à la Cour qui auraient duré tout au long des Han antérieurs ; *cf. Wenbo,* n° 3, 1985, p. 1-4 ; *Wenwu,* n° 4, 1985, p. 94-96 ; *Kaogu,* n° 1, 1991, p. 18-22, voir fig. 3 qui correspond au type traité ici ainsi que numéro 17.

4. La représentation de ce type de serviteur en homme est cependant plus rare ; pour les pièces semblables, *cf.* QIN Tingyu, *Zhongguo gudai taosu yishu,* Shanghai, 1956, pl. VIII ; *Qin Han diaosu* dans la collection « Zhongguo meishu quanji », Pékin, 1985, pl. LII ; M. SULLIVAN, *Chinese Ceramics Bronzes and Jades, in the Collection of sir Alan and lady Barlow,* Londres, 1963, pl. II*a*.

Ce type de représentation a hérité, comme la pièce précédente, de l'esprit des œuvres de la période Qin (221-206 avant notre ère). On retrouve là le schématisme du corps des statuettes exhumées en grand nombre dans les environs de Xi'an sur des sites de tombes impériales des Han antérieurs [1]. De tels personnages figuraient en nombre important dans les fosses annexes entourant le mausolée de l'empereur Jingdi (157-141), au Yangling [2]. Les corps de terre cuite avaient des bras mobiles en bois, autorisant probablement des postures variées. Ils étaient habillés de textiles aujourd'hui disparus, et, sur certains, la fermeture du vêtement était assurée par une agrafe de bronze.

Il semble que les modèles entièrement céramiques, comme cet exemple, aient été travaillés selon une conception similaire : même raideur dans l'attitude de l'homme qui se tient debout, même expression faite d'intériorité sur le visage. Les traits sont fins, le regard se perd dans une douce rêverie engendrant un léger sourire. Dans un cas comme dans l'autre, on a probablement affaire à des modèles conventionnels destinés à satisfaire les besoins de la clientèle du palais en matière d'art funéraire [3]. Cependant, les figurines de serviteurs masculins restent plus rares. On les identifie grâce à leur coiffure. Notre personnage a été revêtu d'un engobe rouge orangé très couvrant dissimulant un corps en argile grise [4]. Les pieds un tantinet maladroits ont fait l'objet d'une restitution moderne.

M.-C. R./H. C. T.

19   Chien assis

Époque des Han postérieurs
Ier-IIIe siècle
Terre cuite grise
H. : 31 cm
Musée national des Arts asiatiques-Guimet
(MA 5945)

Bibliographie
« Acquisitions », *Revue du Louvre,* n° 2, 1992, p. 81, fig. 87.

1. *Cf. Jiaoxian Sanlihe*, Pékin, Wenwu chubanshe, 1988, pl. XXVIII-2.

2. *Cf.* C. HENTZE, *op. cit.*, 1928, t. I, p. 61.

Du néolithique à l'époque Han, les chiens font partie du rituel funéraire chinois. Appartenant à la culture de Dawenkou (4300-2400 avant notre ère), un *gui* en forme de chien a ainsi été exhumé au Shandong, sur le site de Sanlihe [1]. Et des ossements de cet animal dont on sait qu'il était présent comme gardien de troupeau dans la vie quotidienne chinoise ont été exhumés de sépultures datant de l'âge du bronze. Dans la Chine ancienne avaient lieu des sacrifices de chiens à caractère propitiatoire. Et sous les Zhou (XIe-IIIe siècle avant notre ère), l'empereur ou les princes devaient écraser un chien avec leur char avant d'entreprendre un voyage. Plus tard, on place, en tête des cortèges funèbres, des figures de chiens de paille « happant au passage les influences néfastes ». D'autre part, on sait qu'en Mandchourie méridionale il était d'usage d'immoler un chien qui devait ensuite accompagner et protéger l'âme du mort pendant son voyage. Progressivement, ces usages de sacrifices de victimes vivantes vont être remplacés par des figurines de terre cuite qui seront autant d'invocations des pouvoirs attribués depuis toujours à ces animaux [2].

Ce premier *mingqi* en forme de chien évoque un animal devenu gardien et compagnon du défunt. En terre cuite grise, il porte quelques traces de polychromie noire. Le corps creux est traité selon un schématisme et une stylisation poussés à l'extrême. De forme tubulaire, plus petit que la tête, il a des pattes avant minuscules. Saisi en position assise, l'animal a la tête bien droite, les oreilles dressées, les yeux ronds, la gueule largement ouverte. Ces détails lui donnent une allure pleine d'humour et de vie, nouvelle illustration du talent des sculpteurs Han pour croquer en quelques lignes essentielles la pertinence d'une silhouette et donner le sentiment de l'évidence de sa présence.

M.-C. R./H. C. T.

Époque des Han postérieurs
Ier-IIIe siècle de notre ère
Terre cuite avec pigments rouges
H. : 54 cm
Donation J. Polain
Musée national des Arts asiatiques-Guimet
(MA 6095)

Bibliographie
J. POLAIN, *Passion for Asia. A European Collection*, Louvain-la-Neuve-Paris, Duculot, 1992, n° 3.

1. *Cf.* E. CHAVANNES, *Mission archéologique dans la Chine septentrionale*, Paris, Leroux, 1909, fig. 146 ; C. HENTZE, *op. cit.*, 1928, t. I, p. 62 et t. II, pl. XVIII-A.

2. *Cf.* B. LAUFER, *Chinese Pottery of the Han Dynasty*, Rutland, Vermont, Charles E. Tuttle Company, 1909, p. 248-254.

3. *Cf.* n° 19, p. 66.

On sait que dès les Zhou, au XIe siècle avant notre ère, des races de grands chiens sont importées des régions situées à l'ouest de la Chine. C'est ce qu'indique l'estampage, provenant d'une chambre funéraire Han, cité par E. Chavannes [1]. On y voit un animal de grande taille tenu en laisse par un homme barbu et vêtu à la manière des voyageurs d'Asie centrale. On connaît par ailleurs des textes décrivant des molosses importés de l'Ouest [2].

Il paraît vraisemblable que l'observation de races nouvelles ait pu conduire les potiers Han des premiers siècles de notre ère à produire des statuettes de chiens voulant impressionner par leur puissance et leur férocité. Dans l'œuvre présentée ici, la recherche de réalisme est évidente et habilement liée au choix de souligner quelques traits marquants de l'anatomie de l'animal. Le corps lourd et trapu est moulé mais des détails soulignant la musculature et l'expression ont été modelés avant cuisson. Dans une argile épaisse, un tracé appuyé à la spatule a permis de marquer fortement les lignes structurantes de la pièce. L'impression de force est accentuée par la figuration d'un harnais soulignant la tension contenue de la partie avant.

Sous les Tang, le traitement de ces sujets évoluera vers plus de réalisme. Les chiens seront alors plutôt des animaux de race, marqués par une élégance en accord avec celle des personnages raffinés de la Cour. Notre chien est sans doute l'un des derniers exemples se rattachant au rôle propitiatoire et protecteur évoqué plus haut [3], rôle lié aux plus anciennes croyances chinoises.

M.-C. R./H. C. T.

21 Tête de cheval

Sichuan
Époque des Han postérieurs
Ier-IIIe siècle
Terre cuite grise avec traces de polychromie
H. : 40 cm
Donation J. Polain
Musée national des Arts asiatiques-Guimet
(MA 6096)

Bibliographie
J. POLAIN, *Passion for Asia. A European Collection*, Louvain-la-Neuve-Paris, Duculot, 1992, n° 1.

1. *Cf. Kaogu xuebao*, n° 2, 1974, pl. IV-1, illustré aussi dans *Trésors d'art chinois*, Paris, Petit Palais, 1973, couverture.

2. *Cf. Chinese Art and Design, the T. T. Tsui Gallery of Chinese Art*, Londres, Victoria and Albert Museum, 1991, pl. XII, p. 45.

Les contacts à la fois militaires et commerciaux avec les peuples d'Asie centrale permettent aux Chinois de découvrir de nouvelles races de chevaux. Parmi les plus admirés figurent les chevaux de la région du Ferghâna (actuel Ouzbékistan), qui vont susciter des créations à travers lesquelles la beauté et l'originalité de l'animal sont exaltées de façon d'autant plus vivante qu'il est souvent représenté seul, sans référence à ses fonctions domestiques. Désignés sous le nom de « chevaux volants » *(feima)* – car infiniment plus rapides que leurs propres montures – ou encore sous le nom de « chevaux célestes » *(tianma)* – en référence au monde des Immortels volant vers les régions célestes – ces chevaux peuvent être exécutés soit en bronze – c'est le cas de l'exceptionnel cheval volant de la tombe de Leitai au Gansu [1] – soit en terre cuite, comme le modèle ici présenté, soit, plus rarement, en bois peint.

Techniquement, le passage de l'un à l'autre mode de fabrication se fait aisément : comme les modèles en bronze, les modèles en terre cuite sont constitués à partir de différentes pièces moulées et assemblées (de neuf à onze pièces). La présente tête est la partie supérieure d'un animal dont il faut imaginer le corps sans doute à l'arrêt, bien campé sur ses jambes, à l'image des numéros 23 et 24. La matière – une terre cuite grise avec des traces de polychromie – est retravaillée après moulage au couteau, dans un esprit de recherche graphique aux lignes à la fois précises, fortes et dynamiques, qui créent une étonnante impression de vie. L'œil à la paupière très marquée, les machoires géométriques, les naseaux ouverts, donnent à l'animal une allure extraordinairement expressive. On est face à une image de la beauté animale où la vie court en surface, du bord des lèvres frémissantes à la pointe des oreilles dressées ou le long de la courbure de l'encolure. La très célèbre tête de cheval en jade vert du Victoria and Albert Museum à Londres témoigne d'une conception très proche, avec des volumes traités sur le même mode géométrique [2].

M.-C. R./H. C. T.

22 Tête de cheval

Sichuan
Époque des Han postérieurs
Ier-IIIe siècle
Terre cuite avec traces de polychromie
H. : 36 cm
Musée national des Arts asiatiques-Guimet
(MA 4905)

Bibliographie
J.-P. DESROCHES, *Le Jardin des porcelaines*, Paris, Réunion des musées nationaux, 1988, p. 122-123.

1. Voir note 1 de la notice n° 23. Des têtes de chevaux semblables ont été également trouvées dans les tombes datant de l'époque des Han orientaux à Chengdu ; *cf. Kaogu tongxun*, n° 1, 1956, pl. XVI-2, 3.

Si l'on cite fréquemment les chevaux du Ferghâna comme pouvant inspirer les artistes chinois, il ne faut cependant pas chercher à identifier à un type précis l'animal ainsi représenté. On est en face le plus souvent d'une sorte d'image composite et idéalisée d'un cheval ayant conservé du poney chinois les grandes oreilles dressées, le chanfrein concave et les yeux globuleux en grenouille tandis que la tête haute appartient à la famille des chevaux arabes.

Comme la pièce précédente n° 21, celle-ci a été montée à partir d'un moule bivalve puis retravaillée au couteau. Elle était fixée au niveau du poitrail sur un corps non conservé mais que l'on peut supposer être celui d'un cheval attelé à un char, par comparaison avec des pièces très proches et complètes, exhumées notamment dans plusieurs sépultures des environs de Chengdu, au Sichuan [1]. Son ancien propriétaire rapporte qu'elle fut découverte à la fin des années trente dans une tombe rupestre près de Jiangbei au nord de Chongqing.

L'organisation nette et précise de la morphologie souligne la vigueur et la fougue d'un jeune animal aux naseaux puissants, à la bouche ouverte semblant habituée à porter le mors de tenaille. On n'a cependant pas affaire à un traitement purement naturaliste. L'esprit du sujet représenté importe plus que la reproduction d'une réalité physique. Il convient en premier lieu de se remémorer les montures venues de l'Ouest. Les Han les percevaient comme des apparitions divines, un symbole des faveurs du Ciel envers le bon souverain. Ils tenaient donc à leur présence évocatrice dans le mobilier funéraire. L'artisan chinois sut retenir les lignes fortes pour exprimer l'essence d'un animal admiré entre tous.

M.-C. R./H. C. T.

Sichuan
Époque des Han postérieurs
Ier-IIIe siècle
Céramique grise avec traces de polychromie rouge (cinabre)
H. : 81 cm
Donation J. Polain
Musée national des Arts asiatiques-Guimet
(MA 6097)

Bibliographie
J. POLAIN, *Passion for Asia. A European Collection*, Louvain-la-Neuve-Paris, Duculot, 1992, n° 8.

1. Plusieurs pièces de ce type de cheval au trot proviennent des sépultures des alentours de Chengdu, toutes datant de l'époque des Han postérieurs ; par exemple, l'une, exhumée à Yangzishan, est conservée au Musée historique de Pékin ; une autre (H. : 114 cm) a été découverte dans la tombe n° 1 de Tianhuishan ; *cf. Kaogu xuebao,* n° 1, 1958, et SHI Yan, *Zhongguo diaosushi tulu*, Shanghai, Renmin meishu chubanshe, 1983, vol. I, pl. 408. Une troisième pièce (H. : 106 cm), aussi complète, a été exhumée à Majiashan dans le district de Xindu ; *cf. Wenwu ziliao congkan*, Pékin, Wenwu chubanshe, 1987, vol. VII, pl. VI-5. Par ailleurs, le musée de Nankin possède également un cheval (H. : 108 cm) provenant de Pengshan au Sichuan ; *cf. Qin Han diaosu,* dans la collection « Zhongguo meishu quanji », Pékin, 1985, pl. CXXVIII.

2. *Cf. Wenwu,* n° 11, 1981, p. 91, fig. 1 ; *Wenwu,* n° 3, 1991, pl. III-1.

On assiste, au cours de l'époque Han, à une transformation progressive de la perception du cheval. Sous les Han postérieurs, ce n'est plus la fonction défensive du monde guerrier des siècles précédents qui est mise en évidence. Les chevaux sont plutôt représentés comme marques d'appartenance à la classe dirigeante. Les pièces évoluent alors vers plus d'élégance et de joliesse en un temps où les funérailles sont imprégnées par les exigences du prestige social.

Si cette sculpture garde la simplicité terrienne, tout en rondeurs et presque bon enfant qui caractérise les créations du Sichuan, elle est cependant également l'expression d'une nouvelle vision de la morphologie de l'animal. Un corps bien campé sur des jambes solides exprime encore la force du cheval chinois, aux lignes trapues et rondes. Ce corps reste classique et exécuté en série. La tête, au contraire, fait l'objet d'un traitement particulier et est amovible. Il y a là la marque manifeste qu'elle est la partie qui fait le caractère de l'animal, ce sur quoi l'artiste va pouvoir travailler. Les lignes sont alors fortement accentuées, celle de la tête, placée à la verticale comme celle de l'encolure, au tracé vigoureusement appuyé par l'arc parfait de la crinière.

Il existe un autre modèle dans lequel on retrouve les mêmes critères figuratifs, l'animal est alors représenté trottant [1]. Il faut noter que ces deux types contemporains réalisés en terre cuite ont également leur correspondance en bronze [2], bronziers et céramistes puisant dans le même répertoire plastique.

M.-C. R./H. C. T.

Cheval debout

Sichuan
Époque des Han postérieurs
Ier-IIIe siècle
Terre cuite
H. : 104 cm
Donation J. Polain
Musée national des Arts asiatiques-Guimet
(MA 6098)

Bibliographie
J. POLAIN, *Passion for Asia. A European Collection*, Louvain-la-Neuve-Paris, Duculot, 1992, n° 12.

1. Un cheval muni d'un tapis de selle et d'une selle, dont le traitement de la tête ressemble à celui de la collection Polain, a été exhumé à Leshan en 1982, illustré dans *Stories from China's Past*, San Francisco, 1987, pl. XII, p. 24, 114. Une autre pièce, très proche de celle de Leshan, mais montée en plusieurs morceaux, exhumée dans une tombe postérieure datant de l'époque Shu Han – période des Trois Royaumes (220-265) – à Tujing, district de Zhong, démontre le style décadent de cette tradition équestre au Sichuan ; *cf. Wenwu*, n° 7, 1985, p. 65, fig. 26.

Ce nouvel exemple d'un cheval du Sichuan confirme l'évolution stylistique relevée plus haut (*cf.* n° 22). La pièce est réalisée dans la matière ocre peu cuite et friable, gardant un aspect naturel, caractéristique des productions de la région. Elle pousse encore plus loin la nouvelle approche technique de l'œuvre.

Le travail d'individualisation de la tête passe par la mise en évidence de deux pôles : une bouche ouverte par un hennissement qui découvre la dentition et écarte largement lèvres et naseaux ; une mâchoire très marquée sur laquelle se dessine la ligne élégante d'un œil à l'arcade nettement stylisée.

Quant aux lignes du corps de l'animal, elles sont conduites jusqu'à la limite de ce qu'elles peuvent être dans le profil de la silhouette. Les courbes et contre-courbes sont accentuées de façon délibérée et sans rupture, comme dans le tracé d'un pinceau que l'on ne relève pas. C'est donc un dessin continu qui part du sommet de la tête pour aller vers la base de l'encolure, tracé tendu par le graphisme aigu de la crinière et qui se prolonge jusqu'à la croupe, pour repartir dans le même mouvement vers le poitrail.

Œuvre pleine d'esprit et de pittoresque, accomplissement d'un style qui évoluera plus tard vers un certain maniérisme [1], mais ici cependant la mémoire de la force vitale du cheval reste encore vivante.

M.-C. R./H. C. T.

25 Gardien de tombeau
zhenmuyong

Sichuan
Époque des Han postérieurs
Ier-IIIe siècle

Céramique grise avec traces de polychromie
H. : 129 cm
Donation J. Polain
Musée national des Arts asiatiques-Guimet
(MA 6099)

Bibliographie
J. POLAIN, *Passion for Asia. A European Collection*, Louvain-la-Neuve-Paris, Duculot, 1992, n° 14.

1. J.-P. DESROCHES, M.-C. REY, *op. cit.*, 1994, n° 68, p. 166-167.

2. Une statue en pierre sculptée, d'un style fruste, a été exhumée dans une tombe à Shimaba dans le district de Lushan ; *cf. Qin Han diaosu*, Zhongguo meishu quanji, vol. II, Pékin, 1985, pl. CII.

3. Un fragment de tête dont le style se rapproche de la pièce Polain a été découvert aux alentours de Chengdu dans les années cinquante ; *cf. Kaogu tongxun*, n° 1, 1956, pl. XVI-1. Une pièce plus stylisée et caricaturale provenant d'une tombe postérieure datant de l'époque Cheng Han (304-347) à Chendu démontre la continuité de cette iconographie dans la région ; *cf. Wenwu kaogu gongzuo shinian, 1979-1989*, Pékin, Wenwu chubanshe, 1991, pl. XXII. Voir également une pièce très proche exposée à Essen (Allemagne) ; *cf. Das Alte China. Menschen und Götten in Reich der Mitte. 5000 v Chr. 220 n. Chr.*, Kulturstiftung Ruhr Essen, Villa Hügel, juin-novembre 1995.

4. L'estampage d'une dalle gravée provenant de Jiading et présentant ce même gardien de tombeau est reproduite par R. C. RUDOLPH et WEN Yu dans *Han Tomb Art of West China, A Collection of First and Second Century Reliefs*, Berkeley and Los Angeles, University of California Press, 1951, pl. VIII.

Ce grand personnage étonnant est caractéristique de la créativité des artistes de la Chine du Sud-Ouest dans le domaine remarquablement divers de la production des *mingqi*. À partir d'une structure classique – celle des grands personnages debout des tombes du Sichuan – ont été greffés des éléments symboliques donnant un sens tout autre au sujet ainsi produit.

Appartiennent donc à la production de série les grands pieds un peu maladroits et schématiques (deux fois un pied gauche), les jambes solides, la tunique courte et ceinturée, la tête fichée dans une ouverture cylindrique [1]. Sur cette base, l'artiste a accumulé toute une déclinaison d'attributs de la fantasmagorie chinoise, faite d'une confusion délibérée entre les éléments humains et les éléments non humains : un visage tenant du masque avec son front fortement plissé, ses yeux écarquillés, ses grandes oreilles de cochon, ses dents débordant une bouche grimaçante. Il y a peut-être là également un renvoi délibéré au personnage du chaman dont les pouvoirs magiques seraient soulignés par la peau de tigre couvrant les épaules, la hache et le serpent tenus fermement serrés. Il semblerait que cette iconographie procède d'une veine spécifique du Sichuan que l'on retrouve sculptée dans la pierre [2], modelée dans la terre [3], et gravée sur des bas-reliefs [4].

On est dans tous les cas face à une pièce préludant à ce grand classique de l'art funéraire que sont les gardiens de tombeaux, avec une sculpture qui échappe à la fois à l'humanisme et au réalisme, tout en introduisant directement à l'imaginaire et à l'irréel.

M.-C. R./H. C. T.

Grande dame debout

Henan
Époque des Wei du Nord
Premier quart du VIᵉ siècle
Terre cuite grise à engobe blanc et traces de peinture rouge
H. : 84 cm
Musée national des Arts asiatiques-Guimet
(MA 2577)

1. Les Chinois désignent ce costume par le terme *baoyi bodai* (robe ample et ceinture large).

2. Vu l'extrême minceur de la pièce ainsi que son dos plat, cette dame fait penser plutôt à l'art rupestre en relief qu'aux statuettes *mingqi* proprement dites. Elle était sans doute à l'origine placée contre un mur dans une tombe. Pour les pièces avec le même traitement de volume, *cf.* A. L. JULIANO, *Art of the Six Dynasties*, New York, 1975, cat. n° 19, 23, 24, 28. Une statuette dont le style est très proche de celui de la dame Guimet est reproduite par C. J. LEWIS, *Into the Afterlife*, New York, Poughkeepsie, 1990, cat. n° 45.

3. Notamment la scène de progression de l'impératrice avec ses suivantes dans la grotte Binyang, pièce conservée à la Nelson Gallery of Art au Kansas City ; *cf.* L. SICKMAN et A. C. SOPER, *The Art and Architecture of China*, 1971, fig. 59.

Le bouddhisme sert de fondement spirituel aux Wei du Nord (386-535), qui réunifient la Chine du Nord après une longue période de troubles. Au contact avec la statuaire du Gandhara par l'intermédiaire duquel se répand la nouvelle religion venue de l'Inde, les artistes chinois se signalent alors par un sens nouveau de la mesure, de la solennité et de l'intériorité. La sculpture de cette époque est donc une étape stylistique importante, qui se distingue nettement tant de la vigueur des figurines Han que du luxe raffiné des sculptures Tang.

L'empereur Xiaowen (471-499) a décidé d'une série de mesures allant dans le sens d'une sinisation systématique de la nouvelle dynastie régnante, mesures destinées à asseoir le pouvoir des Wei d'origine nomade. Ainsi la capitale Datong est transférée à Luoyang en 494 et l'essentiel du système politique, administratif et culturel Han est adopté. Dans le domaine des coutumes vestimentaires, le costume chinois est emprunté aux dynasties du Sud.

C'est celui-ci que porte notre personnage : un vêtement ample à trois épaisseurs, au col épais, aux manches amples cachant les mains, à la ceinture très marquée [1]. Sous la robe relevée, on entrevoit la pointe des chaussures. Le visage est légèrement penché en avant. La coiffure dit toute la beauté d'une figure aux traits délicats et quasi mystérieux : les yeux sont indiqués par un cerne fin, le nez est petit, la bouche, finement ourlée et peinte en rouge, ébauche un sourire rappelant les béatitudes bouddhiques.

Réalisée dans un seul demi-moule dans lequel l'argile a été fortement pressée, la pièce revêt la silhouette caractéristique des Wei, très nettement étirée vers le haut. Un dessin tout en souplesse de la matière figure les lignes du corps et les plis du vêtement, lignes qui priment alors sur le volume. La troisième dimension propre à la sculpture est réservée à la tête et au corsage. D'une certaine façon, un tel travail relève plus du bas-relief que de la ronde-bosse, impression accentuée par le fait que le dos est parfaitement plan [2].

Une telle œuvre tient toute sa richesse du mélange de réalisme et de stylisation extrême qui la rend à la fois proche et lointaine de l'esprit des parois sculptées des sanctuaires bouddhiques de Longmen [3], commandités sous le règne de l'empereur Xiaoming (515-528).

M.-C. R./H. C. T.

27 Fragment de peinture murale

X[e]-XIIe siècle
Peinture *a secco* sur mur de brique
H. : 83 cm ; L. : 41 cm
Collection L. Jacob
Musée d'Art et d'Histoire, Saint-Denis
(MSD 610)

Bibliographie
Lionel JACOB, *Arts de la Chine ancienne, Grandeur et vicissitude de l'empire*, Paris, Parkstone Musées, 1995, vol. III, p. 147-149. Linda Cooke JOHNSON, « The Wedding Ceremony for an Imperial Princess Wall Paintings from a Liao Tomb in Jilin », *Artibus Asiae*, vol. XLIV, n° 2-3, 1983, p. 107-135.

Ce fragment est formé d'assises superposées de briques rectangulaires jointes au mortier de terre. La surface a été revêtue d'un enduit afin de recevoir une décoration peinte et il est clair qu'il s'agit d'un élément provenant d'un mur de brique qui faisait partie d'une architecture funéraire.

Sur la mince couche d'enduit, aux tons aujourd'hui passablement éteints, se détache l'image d'une femme d'allure imposante dessinée au trait brun d'un pinceau rapide.

Hormis quelques volutes tronquées à sa gauche, aucun indice ne nous permet de situer le personnage dans l'espace. Ces volutes correspondent sans doute à des nuages, stylistiquement assez proches de ceux que l'on découvre sur le fragment MC 9259 du musée Cernuschi (*cf.* n° 30). Cependant, placés de la sorte, ils ne peuvent avoir d'autre rôle que décoratif, nous rappelant par la même occasion que l'être représenté sur ce mur évolue dans un autre monde, double espéré de ce que fut sur terre la vie du propriétaire de la tombe. De tels nuages sont généralement absents du décor des tombes Tang ou bien indiquent que la scène se passe « en extérieurs [1] ». En revanche, ils sont assez largement présents dans les tombes Song ou Liao plus tardives.

Le visage un peu lourd est encadré par une chevelure noire ramassée en chignon sur le sommet du crâne. Sur les tempes, les cheveux ondulent et le front s'orne d'une mouche ou d'un bijou en forme de larme. De l'ensemble émane – en dépit de quelques repeints évidents – une présence indéniable mais d'une certaine façon étrangère.

Ce visage est posé sur un corps dont la position est bien difficile à définir. Il y a en effet un déséquilibre patent entre le buste et le reste du vêtement mal proportionné en largeur tandis que la position des bras, sans doute ramenés devant la ceinture sous une étole, n'est guère plus claire que le drapé qui l'accompagne [2].

Le trait est statique, presque raide, et, bien que l'ensemble ne soit pas dénué de majesté – ce qui était sans doute le but recherché – il évoque de façon irrésistible un travail de peintre artisan provincial non professionnel. D'un autre côté, les caractères généraux du personnage, les nuages mis à part, ont quelque chose de familier tout en nous parlant d'un monde qui n'est plus vraisemblablement celui des grands Tang.

C. D.

1. Par exemple les nuages du *Pique-nique à Nanliwang* de la tombe de la famille Wei au Shaanxi, non datée, mais placée sur des critères stylistiques à la période finale des Tang.
2. Ou bien des traits se sont effacés ou bien – plus probablement – il pourrait s'agir d'une ébauche abandonnée.

X^e-XIIe siècle
Peinture *a secco* sur mur de brique
H. : 78 cm ; L. : 45 cm
Collection L. Jacob
Musée d'Art et d'Histoire, Saint-Denis
(MSD 609)

Bibliographie
Lionel JACOB, *Arts de la Chine ancienne, Grandeur et vicissitude de l'empire*, Paris, Parkstone Musées, 1995, vol. III, p. 147-149. Ellen Johnston LAING, « Patterns and Problems in Later Chinese Tomb Decoration », *Journal of Oriental Studies*, vol. XVI, n° 1, 1978, p. 3-20. Danielle ELISSEEFF, « À propos d'un cimetière Liao. Les belles dames de Xiabali », *Arts asiatiques*, t. XLIX, 1994, p. 70-81.

Dans un encadrement architectural rouge brique est représentée une porte couleur bois dont le cadre est figuré par une ligne claire. La partie droite de la porte est ornée de cinq lignes parallèles montantes de pointes décoratives et d'un anneau fixé sur un mascaron. Légèrement entrebâillée sur une pièce bien éclairée, c'est sur ce fond lumineux que s'inscrit le personnage féminin, en partie caché par l'autre côté de la porte, sans ornement et qui est peut-être fixe.

La dame est vêtue d'une jupe longue plissée et d'un surtout de teinte rouge sombre, veste simple et confortable, non fermée devant. La coupe classique des Song comporte généralement des fentes sur le côté mais ce ne semble pas être le cas ici [1]. Sur ses cheveux noirs est posée une coiffe ovoïde faite d'une étoffe claire comme on en voit aux femmes de la tombe de Baisha au Henan et à Xiabali au Hebei [2]. Le visage est paré au front d'une larme décorative analogue à celle de la femme du fragment n° 27 [3] et l'on devine des boucles d'oreilles.

En dépit d'une certaine maladresse, l'attitude et un amusant regard interrogatif donnent une vivacité assez exceptionnelle à ce thème très particulier. Né à l'époque Han [4], abandonné à l'époque Tang, il réapparaît à la fin du Xe siècle (tombe de Songlin [995], au Sichuan, *Kaogu Xuebao*, n° 5, 1958, p. 20, et tombe Liao de Yemaotai [986], *Wenwu*, n° 12, 1975, p. 28), pour devenir extrêmement populaire sous les Song et les Jin [5]. Simple représentation de l'entrée de la maison du défunt – portes du ciel ou porte de la tombe – le sens en reste quelque peu énigmatique mais le thème est si profondément chinois

qu'il n'est pas surprenant de le voir très vite adopté par les ethnies régnantes étrangères, originales mais avides de se couler au moule d'une culture qui les fascine [6].

La disposition du décor de la porte, comparable à celle que l'on trouve dans la tombe de Zhang Gongyou (1117) et l'ensemble vestimentaire comparable à celui que l'on trouve dans la scène du thé de la tombe de Han Shixun [7] (1111) incitent à proposer pour ce fragment et le précédent une date comprise entre la fin du XIe siècle et le début du XIIe, et une provenance Liao à une époque où ceux-ci avaient su harmoniser leur propre culture et celle des Tang qu'ils admiraient [8]. Néanmoins, la relative pauvreté de la documentation concernant les peintures funéraires des Song du Nord permet de ne pas écarter la possibilité d'une date plus haute, à savoir la fin du Xe siècle ou le début du XIe.

C. D.

1. Il est vraisemblable que Song du Nord (960-1127) et Liao (907-1125) qui se côtoyaient en paix par la grâce d'une redevance volontairement versée par les Song se sont mutuellement influencés.
2. Baisha, fin du XIe siècle, Song du Nord ; Xiabali et tombe de Han Shixun (*Wenwu*, n° 6, 1992) contemporaines, toutes deux Liao.
3. L. Jacob mentionne deux peintures Song du British Museum où figure cet ornement ; par ailleurs, il est aussi peint au front d'une épouse dans une scène de thé de la tombe n° 2 d'un cimetière Jin (1115-1217), *Kaogu Xuebao*, n° 2, 1962, pl. IV, fig. 5.
4. Exemples divers au Sichuan, Shandong et Jiangsu.
5. Voir l'analyse de ce thème par E. J. LAING, art. cit., 1978.
6. Les Yuan au XIIIe siècle n'y dérogeront pas : tombe du Liaoning, *Wenwu*, n° 6, 1985, fig. 3, p. 57.
7. D. ELISSEEFF, art. cit., 1994, fig. 11 et 12.
8. L. C. JOHNSON, art. cit., 1983, p. 110-113.

29   Fragment de peinture murale

VIIIe-XIe siècle
Peinture *a secco* sur mur de brique
H. : 77cm ; L. : 35 cm
Musée Cernuschi, Paris
(MC 9258)

Bibliographie
Sur les peintures murales funéraires à l'époque Tang :
Wenwu, n° 11, 12, 1954 ; n° 3, 1959, p. 43-54 ; n° 1,
1964, p. 7-8. *Kaogu*, n° 9, 1959, pl. IV, fig. 42, p. 473-
476. YIN Shengping, HAN Wei, *Highlights of the Tang
Dynasty Tomb Frescoes*, Xi'an, Shaanxi People's Fine
Arts Publishing House, 1988.

Le fragment de peinture murale présenté ici a été réalisé sur un mur de briques grises recouvert d'une préparation blanche à base de chaux puis, lorsque celle-ci est sèche, de pigments d'origine minérale additionnés d'un liant huileux. Il s'agit donc d'une technique analogue à celle dite *a tempera*, développée en Occident à la fin du Moyen Âge. Les contours sont d'abord tracés au pinceau brun-noir, puis les couleurs sont appliquées en aplats dans les zones ainsi définies. Les volumes sont avant tout suggérés par le jeu des lignes (drapés) et la superposition des éléments représentés, mais aussi par des variations d'intensité des couleurs dans les zones unies (coiffure). Le détail des traits du visage est exécuté ensuite au pinceau fin, sourcils et arête du nez étant tracés d'un unique trait noir.

Il s'agit ici d'une musicienne, représentée debout jouant du *pipa*. Elle est vêtue d'une longue robe plissée rouge, à larges manches, à revers clairs et ouverte sur le devant. La forme arrondie des chaussures se devine dans le bas des plis.

Le *pipa* – luth piriforme d'origine perse – tire son nom chinois de la bibasse ou nèfle du Japon, dont il rappelle la forme. La musicienne tient son instrument horizontalement, comme on le faisait à l'époque Tang (*cf.* n° 56) et pince les quatre cordes à l'aide d'un plectre, dans une zone démarquée, sur le plat de la caisse, par deux traits parallèles, munie en son centre d'une plaque de protection en forme de fleur stylisée.

La dame est coiffée d'un haut chignon à coque et porte au front deux perles superposées (à moins qu'il ne s'agisse d'un maquillage), celle du dessus en forme de poire, comme dans les deux fragments précédents (n° 27, 28). Sur le bord gauche du fragment, on discerne encore les traces d'un cadre brun-rouge qui délimite la scène de ce côté. Dans la partie droite, aux pieds de la musicienne, des rochers empilés, de forme irrégulière, suggèrent que le personnage se trouve dans un jardin. Leur silhouette est tracée au pinceau et les volumes sont rendus grâce à des différences d'intensité dans l'emploi de la couleur. Ces rochers, dont on trouve d'autres exemples dans les peintures murales funéraires de l'époque (*cf.* YIN Shengping, HAN Wei, *op. cit.*, ill. 131, p. 114 ; ill. 141, p. 118) sont utilisés, comme certains arbres, pour séparer les personnages au sein d'une composition. Ils attestent par ailleurs le goût – qui se répand sous les Tang – pour les rochers aux formes curieuses, où se concentre, dit-on, l'énergie vitale présente dans la nature. On aménage ainsi des ensembles de rocailles dans les jardins.

A. G.

30   Fragment de peinture murale

VIIIᵉ-XIᵉ siècle
Peinture *a secco* sur mur de brique
H. : 73 cm ; L. : 43 cm
Musée Cernuschi, Paris
(MC 9259)

Bibliographie
Catalogue de l'exposition *Formes chinoises. Centenaire de Victor Segalen 1878-1919*, Paris, musée Cernuschi, nov. 1978-fév. 1979, nº 147. M.-Th. BOBOT, *Promenade dans les collections chinoises*, Paris, musée Cernuschi, 1983, p. 56-57.

La comparaison de ce fragment avec le précédent permet de mieux comprendre certains principes de mise en scène dans ces peintures murales funéraires représentant des personnages de la Cour. La scène est ici encore délimitée, cette fois du côté droit, par une large bande rouge soulignée d'un trait brun. Lui tournant le dos, le personnage regarde vers sa droite, alors que la joueuse de *pipa* présentée précédemment se trouvait dans une position inverse, qui se prête à la représentation du jeu de l'instrument, manche à gauche et cordes pincées de la main droite. L'orientation de chaque personnage devait en outre correspondre à son emplacement dans la tombe.

Comme la dame entrouvrant une porte présentée plus haut (nº 27), cette dame de la Cour ou servante porte une veste tunique rouge à larges revers, ouverte sur une écharpe qui pend, sous la ceinture, au-dessus d'une longue robe plissée. Quoique peu fréquente dans les représentations d'époque Tang, cette tenue est pourtant attestée au VIIIᵉ siècle : elle se retrouve dans un *mingqi* figurant une femme, provenant de la tombe de Nanhecun, près de Xi'an, et datée de 743 (*cf.* catalogue de l'exposition *Trésors d'art de la Chine*, Bruxelles, palais des Beaux-Arts, janvier-avril 1982, nº 76, p. 254-255).

Les détails du visage et de la main sont exécutés, comme dans les fragments précédents (nº 27, 28, 29) au pinceau fin par-dessus la couleur. Le nez est représenté de profil, d'un trait semblable à celui observé pour la dame de la Cour (nº 28). Le front était peut-être orné d'un bijou, comme dans les trois autres peintures, effacé aujourd'hui ; l'oreille porte un pendentif.

Toute la partie gauche du fragment, en partie effacée, est peu lisible. La dame tient des deux mains un plat où semble planté, parmi de petits rochers, un pied de pivoines (ou d'une autre plante à grandes fleurs) dont la tige sinueuse s'élève en haut à gauche. Les volutes en bas sont peut-être la représentation simplifiée de rochers aux formes contournées, comme dans le fragment précédent (nº 29).

La scène se situerait donc, ici encore, dans un jardin. La tombe de Li Xian, sixième fils de l'empereur Gaozong, à Qianling au Shaanxi, datée de 706, a fourni d'autres exemples de figures portant des plantes et des rochers disposés dans des plats, ancêtres de ces paysages en pot qui devaient connaître, en Chine d'abord sous le nom de *penjing*, puis au Japon sous celui de *bonsai*, un grand succès au cours des siècles suivants (*cf.* YIN Shengping, HAN Wei, *op. cit.*, ill. 121, p. 109 ; ill. 123, 124, p. 110). Il est possible que la représentation, dans un contexte funéraire, de ces rochers et *penjing* où se concentre l'énergie vitale soit censée avoir un effet bénéfique pour le défunt.

Les quatre fragments présentés (nº 27-30) présentent de nombreuses similitudes : ils sont du même format (dimensions comparables, treize rangées de briques verticalement pour les numéros 27, 29 et 30, quatorze pour le numéro 28), les supports et les matériaux sont apparemment identiques, les mêmes techniques de représentation sont utilisées de l'un à l'autre. Tous quatre ont fait partie, au début du siècle, de la collection Vignier. Tout porte à croire qu'ils proviennent de la même tombe ou tout au moins d'un même ensemble funéraire.

A. G.

L'architecture funéraire des Tang
618 – 907

Jean-Paul DESROCHES

Les Tang, un âge d'or du cheval

La dynastie des Tang partage avec celle des Han un certain nombre de points communs. L'une et l'autre offrent plusieurs siècles d'unité reposant sur un vaste domaine ouvert aux influences extérieures. Civilisations au tempérament créateur bien marqué, elles assimilent les apports étrangers au point de les confondre avec le génie national. Il est vrai que les Tang et les Han ont bénéficié du mandat autoritaire – mais combien formateur – de deux dynasties antérieures, les Qin (220-206) et les Sui (580-618), qui, en une génération, mettent en place les fondements politiques et économiques des décennies suivantes.

Li Yuan, le premier des empereurs Tang, prend le pouvoir par les armes comme son prédécesseur Liu Bang, le premier souverain des Han. La postérité reconnaîtra en eux deux démiurges et les désignera sous le pseudonyme identique de *Gaozu* (illustre ancêtre). En 626, après seulement huit ans de règne, Li Yuan abdique en faveur de son deuxième fils, Li Shimin. Le nouveau monarque, plus connu sous le nom de Taizong, s'avère être un homme d'État éminent doublé d'un fin stratège. Pensant qu'il y avait une leçon à tirer du passage éphémère de la dynastie précédente, les chroniques rapportent qu'il se plaisait à analyser les causes de cette déchéance dans le but de déceler des moyens appropriés à son propre régime. Aussi ses réformes prennent pour base les institutions des Sui. Il maintient les trois départements clés du pouvoir central et continue, dans le domaine militaire, d'appliquer le service obligatoire. Aux frontières du Nord-Ouest, lieu traditionnel d'affrontement, le calme reprend peu à peu ses droits. L'aristocratie très métissée des Tang a certes facilité les choses par ses alliances matrimoniales fréquentes avec la noblesse des steppes [fig. 1]. Tous ces gens ont en commun les mêmes valeurs chevaleresques et fournissent à l'armée d'importants contingents de cavaliers. Quant à la masse des paysans – peu habitués aux chevaux – elle est utilisée pour la défense des postes fortifiés. Les vastes étendues herbeuses de l'Ouest, du Shanxi au Gansu, servent de pâturage à un cheptel équin en plein développement. Au début, la dynastie ne dispose que d'un petit nombre de chevaux – cinq mille au total – dont trois mille ont été enlevés aux Sui et deux mille aux Turcs. Mais, très vite, les haras impériaux vont connaître un succès rapide puisque l'on parle de sept cent mille chevaux dès le milieu du VIIe siècle. Ils seront appelés à former une sorte de rempart mobile qui rend caduque l'antique Grande Muraille des Han. Le cheval paraît alors si fiable que l'on mise tout sur lui. Il devient l'emblème de la dynastie pendant les deux premiers siècles et son image accompagne les défunts jusque dans leur dernière demeure.

Les mausolées des empereurs

Les Tang ne se contentent pas de reprendre l'héritage politique antérieur, ils prolongent aussi les acquis culturels. Ils perfectionnent, en fait, plus qu'ils n'innovent. Les mausolées impériaux des Han antérieurs avaient été implantés autour de la capitale Chang'an, dans la proche vallée de la Wei ; ceux des Tang seront édifiés un

Fig. 1
Portrait de l'empereur Taizong
recevant un émissaire tibétain
pour préparer le mariage de sa fille
la princesse Wen Cheng avec le roi
Songtsen Gampo en 641 ; peint
par Yan Liben, rouleau horizontal,
encre de Chine et couleurs
sur soie (détail).
Pékin, musée du Palais.

peu plus tard au nord, sur la rive gauche, s'étendant en piémont d'est en ouest sur près de cent kilomètres [fig. 2]. L'ampleur de ces chantiers, ainsi que la perfection des réalisations, donneront un réel élan à une architecture en perte de vitesse en raison des prescriptions bouddhiques [1]. Le Zhaoling – l'ensemble le plus prestigieux des dix-huit parcs funéraires construits dans cette zone – est encore l'un des quatorze tombeaux qui utilisent comme tumulus une montagne [2]. Situé sur le mont Jiuzong, il couvre une superficie de vingt mille hectares, soit un périmètre d'environ soixante kilomètres. Ce mausolée, consacré à la dépouille de Taizong, est entouré de cent quatre-vingt-cinq tombes d'accompagnement, dont beaucoup sont des sépultures de personnes illustres, ministres fameux ou valeureux généraux, tels Fang Xuanling, Wei Zheng, Wen Yanbo, Li Jin, Li Ji, et bien d'autres…

L'espace a été conçu globalement comme une longue ascension processionnelle au « tertre-montagne » de l'empereur. À l'origine, de part et d'autre de la « voie sacrée », des animaux et des personnages étaient alignés, leurs silhouettes massives formant une haie d'honneur. Le Qianling, mausolée qui associe Gaozong (649-683) et l'impératrice Wu Zetian (684-705), offre de nos jours la « voie sacrée » la plus complète avec cent vingt-cinq statues monumentales *in situ* [3]. Au pied du « tumulus-montagne » subsistent encore les socles des terrasses plus ou moins rongés des tours de guet. À quelques pas de là, un cortège d'ambassadeurs en pierre semble attendre, immobile, le passage d'un convoi funèbre. Aujourd'hui, au Zhaoling,

Fig. 2
Les mausolées impériaux des Tang

Les dix-huit mausolées impériaux
des Tang sont disposés en piémont
entre les cours de la Luo et de la Wei,
s'étendant sur près de cent kilomètres
d'est en ouest.

1. Xianling, empereur Gaozu (618-626)
2. Zhaoling, empereur Taizong
(627-649)
3. Qianling, empereur Gaozong
(649-683)
et impératrice Wu Zetian (690-705)
4. Dingling, empereur Zhongrong
(684, 705-710)
5. Qiaoling, empereur Ruizong
(684-690, 710-712)
6. Tailing, empereur Xuanzong
(712-756)
7. Jianling, empereur Suzong (756-762)
8. Yuanling, empereur Daizong
(762-779)
9. Chongling, empereur Dezong
(779-805)
10. Fengling, empereur Shunzong (805)
11. Jingling, empereur Xianzong
(805-820)
12. Guangling, empereur Muzong
(820-824)
13. Zhuangling, empereur Jingzong
(824-827)
14. Zhangling, empereur Wenzong
(827-840)
15. Duanling, empereur Wuzong
(840-846)
16. Zhenling, empereur Xuanzong
(846-859)
17. Jianling, empereur Yizong (859-873)
18. Jingling, empereur Xizong (873-888)

Fig. 3
Illuminer la nuit
Portrait d'un cheval appartenant
à l'empereur Xuanzong, peint par Han
Gan au VIIIe siècle avec colophon de Li
Yu, dernier souverain des Tang du Sud
(937-975). Le pur-sang est représenté
attaché à un poteau. La tête levée,
hennissant et piaffant, l'animal semble
vouloir se libérer ; rouleau horizontal,
encre de Chine et couleurs
sur papier (détail).
New York, Metropolitan Art Museum.

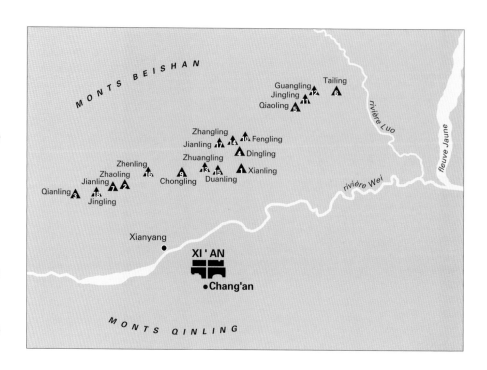

bien que la statuaire ait disparu sur place, divers éléments ont pu être sauvegardés par les musées. Témoignages insignes de cet ensemble évanoui, les six bas-reliefs, répliques anciennes des « coursiers de l'empereur », demeurent de purs chefs-d'œuvre de la plastique universelle. Ces représentations n'ont plus rien à voir avec les animaux hiératiques et conceptuels des tombeaux Han. Les chevaux sont solidement présents, charnels, sensibles. Ces images expressives et naturelles révèlent une connaissance intime des complexions anatomiques des animaux. Ces grands tableaux à encadrements rectangulaires d'un peu plus de deux mètres de long par un mètre soixante-douze de haut constituent une sorte de point d'orgue à la gloire du cheval. En commanditant ces portraits, Taizong renoue non seulement avec des mythes vénérables tels « les coursiers célestes du roi Mu des Zhou » ou « les sept montures divines du premier empereur des Qin », mais encore, il affirme publiquement le rôle majeur du cheval dans l'Histoire.

Le monarque, après avoir composé six stances faisant l'éloge de ses pur-sang, aurait demandé au plus réputé des pinceaux de son temps, Ouyang Xun, une version calligraphiée, sans doute transcrite en image par Yan Liben [4]. Un siècle après, l'empereur Xuanzong (712-756), autre inconditionnel du cheval, imite son ancêtre en convoquant au palais le peintre Han Gan [5], un jeune talent prometteur, pour chanter les louanges de ses quatre plus beaux coursiers, *Feihuang* (Isabelle volant), *Feiyun* (Nuage flottant), *Wuhua* (Cinq fleurs) et *Shaoyebo* (Illuminer la nuit). Ce dernier rouleau a miraculeusement survécu et appartient désormais au Metropolitan Art Museum de New York [fig. 3]. Taizong ira plus loin que son successeur

en faisant transférer ses propres chevaux dans la pierre, leur assurant ainsi à la fois notoriété et pérennité. Tous les moyens connus de l'époque auront été mobilisés pour permettre aux « six coursiers » d'accéder à l'éternité : la poésie, la calligraphie, la peinture, la sculpture. Seule, de nos jours, subsiste la version sculptée et sous la forme de copies exécutées en 973, comme tend à l'indiquer une stèle commémorative [6]. Les originaux étaient vraisemblablement des œuvres en ronde bosse qui furent détruites par Wen Tao entre 915 et 923. Toutefois, la renommée des « six coursiers » était telle que les empereurs Song, dès le début de leur mandat, auront à cœur de reconstruire cet ensemble. Plus tard, les Ming et les Qing porteront eux aussi un intérêt constant à cet ouvrage, comme l'attestent plusieurs chroniques. En 1914, deux des bas-reliefs Saluzi et Quanmaogua ont été transportés aux États-Unis au musée de l'université de Philadelphie. En 1950, les autorités chinoises déposeront

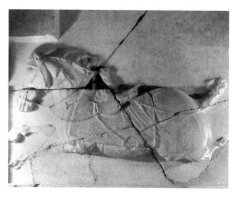

Fig. 4

Fig. 5

Fig. 6

les quatre autres au musée provincial du Shaanxi à Xi'an où ils se trouvent encore actuellement. Ces six chevaux historiques sont liés à l'épopée victorieuse de Li Shimin avant son ascension au trône. Le premier cheval, dénommé *Baitiwu*, est monté à l'automne de 618, quand, dans la plaine de Qianshui, il écrase Xue Rengua et son armée [fig. 4]. *Teqinbiao* – à la robe fauve et la tête noire – est le compagnon fidèle de Li durant l'hiver de 619, au moment où il doit traverser le fleuve Jaune pour aller défaire les troupes de Liu Wuzhou et de Song Jin'gang. Il avance, fier, calme et serein [fig. 5]. *Saluzi* chemine avec le futur souverain, au printemps de 621, lorsqu'il va combattre Wang Shichong au mont Mang, au nord de Luoyang. Il a été sculpté avec le général Qiu Xinggong qui lui retire délicatement une flèche plantée dans le poitrail. L'animal souffre mais paraît pleinement confiant en l'homme qui tente de le soulager. On a l'impression, sans doute sous l'effet de la douleur, que le cheval tremble imperceptiblement [fig. 9]. *Shifachi* est un cheval bai que Li va monter lors de l'affrontement qui l'oppose de nouveau à Wang Shichong et Dou Jiangde un peu avant l'entrée dans la passe de Wulao. Blessé par quatre flèches devant et une derrière, la bête continue de galoper [fig. 6]. Durant l'été de 621, Li parvient à en finir avec Dou Jiangde grâce à l'aide du vaillant *Qingzhui* à la robe pie. L'animal percé de toute part meurt, mais l'artiste dépeint le fougueux coursier en train de charger l'ennemi [fig. 7]. *Quanmaogua*, à la belle tête sombre, est plus chanceux et participe au triomphe de son maître quand celui-ci prend le contrôle du Hebei. Il arrive solennel et hautain, le corps transpercé de neuf flèches [fig. 8]. Nous sommes au printemps de 622. L'avenir des Tang est garanti. Le cheval a sa part d'importance dans cette victoire et assure la fortune de la dynastie pour de nombreuses générations.

Fig. 7

Fig. 8

Les Six Coursiers de l'empereur Taizong, bas-relief en grès, répliques Song d'originaux Tang. Chaque cheval porte une crinière agrémentée de trois toupets, les *sanhua*, les « trois fleurs », signe d'appartenance au haras impérial, et que l'on retrouve sur le cheval sellé n° 44.

Fig. 4
Baitiwu, monté à l'automne de 618.

Fig. 5
Teqinbiao, monté durant l'hiver de 619.

Fig. 6
Shifachi, monté au début de l'année 621.

Fig. 7
Qingzhui, monté durant l'été de 621.

Fig. 8
Quanmaogua, monté au printemps de 622.

Les tombeaux des princes

Aucune tombe impériale n'a encore été fouillée et, comme pour les Han, nous sommes réduits à de simples conjectures. Seules des tombes princières ou celles de fonctionnaires de grades élevés ont fait l'objet d'études. On constate qu'elles possèdent toutes une structure semblable plus ou moins développée selon le rang du défunt. La plupart des exemples connus sont orientés nord-sud avec deux parties nettement différenciées. La première forme une rampe en plan incliné menant à des portes de pierre. La seconde, bâtie sur un plan horizontal, correspond à la résidence proprement dite du défunt. Au plafond du tunnel d'accès ainsi qu'aux voûtes des galeries, des puits d'aération sont aménagés. Par exemple, pour l'une des tombes les plus spectaculaires récemment découverte, celle du prince Yide au Qianling, sept

Fig. 9
Saluzi, monté au printemps de 621 ;
près du cheval on remarque le général
Qiu Xinggong. Au-dessus et derrière
lui, un cartouche a été ménagé
pour inscrire le poème impérial.
La scène figurée ici est connue grâce
au *Xin Tangshu* qui consacre
un développement à la *Biographie de Qiu
Xinggong*. Lors du combat pour prendre
Luoyang, le cheval de Li Shimin est

atteint. Son aide de camp le général Qiu
Xinggong donne sa propre monture au
souverain et va à pied, sous les traits de
l'ennemi, arracher la flèche à l'animal
blessé. Il est représenté dans cet instant
crucial en uniforme de combat avec
sabre et carquois, aux côtés du destrier
impérial à la robe de jais.
Philadelphie, University Museum
of Pennsylvania.

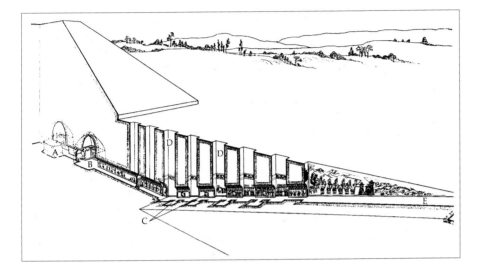

Fig. 10
Le prince Yide meurt en 701. Cinq ans
plus tard, à l'avènement de l'empereur
Zhongzong, sa dépouille va être
transférée dans un tombeau grandiose
édifié au Qianling. Une rampe d'accès
de cent mètres en plan incliné conduit
à un passage qui débouche sur
un vestibule voûté (B) ouvrant
sur la *cella* contenant le sarcophage (A).
Quatre niches à offrandes (C) et sept
puits d'aération (D) complètent
cet aménagement entièrement
orné de peintures murales.

puits ont été forés dans la section médiane [7] [fig. 10]. Cette architecture spacieuse crée des surfaces importantes propices à la fois à la disposition du mobilier et à l'ornementation peinte. Les *mingqi* seront alignés dans des niches le plus souvent creusées dans les murs latéraux du corridor d'accès. Il s'agit d'un mobilier complémentaire au décor général qui est quelquefois mêlé à d'autres offrandes. Les dimensions restent modestes et adaptées aux emplacements prévus. Ces œuvres délicates participent au raffinement de l'environnement. Toutefois, elles ne seront déposées en aucun cas dans des fosses annexes comme sous les Han et perdent leur signification magique. La brique, matériau de base pour la construction des tombes Tang, nécessite d'être enduite pour recevoir un décor. On applique généralement trois préparations simultanées. La première, mélange d'argile et de paille, est promptement talochée, une deuxième, fine, armée de fibres de chanvre, est lissée par-dessus. Un dernier apprêt à base de chaux additionné d'un liant absorbant donnera à la paroi son grain définitif. Le mur ainsi enduit, les peintres peuvent intervenir et esquisser leur décor à l'encre puis poser les pigments minéraux. En aucun cas ils n'agiront au hasard mais adapteront un programme iconographique simple en accord avec chacune des deux parties. Le principe de base est celui d'un long cortège partant du seuil et allant vers la *cella*, lieu où repose la dépouille dans un sarcophage de pierre. La tombe n'est plus véritablement un lieu surnaturel, ni une chambre aux trésors, mais a évolué vers un monde intermédiaire et éthéré qui évoque allusivement le cadre social du défunt. L'ensemble des peintures du tombeau de Li Xian donne un aperçu assez complet de ces programmes décoratifs [8]. Le défunt, fils de Gaozong et de Wu Zetian, fut, de son vivant, désigné comme prince héritier. Mais, après une vie corrompue, il perdit ses droits et mourut en 684. Il fut réinhumé, en 706, dans un nou-

Fig. 11
Le décor peint fait corps avec
l'architecture, et le galop fougueux
de ces trois cavaliers du tombeau de Li
Xian épouse habilement le mouvement
ascensionnel de la rampe d'accès.
Les contours nerveux des silhouettes
et la vivacité des couleurs illustrent
la parfaite maîtrise des ateliers impériaux
au début du VIIIe siècle.

veau tombeau près de ses parents. Son hypogée, mesurant plus de soixante-dix
mètres de long, comporte environ quatre cents mètres carrés de peintures réparties
en deux lots clairement distincts. Cette distribution sanctionne l'architecture. Le
premier ensemble se déploie sur les murs latéraux du plan incliné avec, à l'est, le *Dragon
vert*, et, à l'ouest, le *Tigre blanc*. Passé ces deux créatures mythiques, qui donnent
les orients au projet, suivent uniquement des scènes d'extérieur : chasse à cheval au
pied des montagnes avec des chiens, des faucons et des guépards apprivoisés, match
de polo en plein air, escorte militaire en marche, arrivée de dignitaires étrangers
[fig. 11]. On parvient ainsi, et comme naturellement, au palais souterrain qui ne
comporte que des représentations d'intérieur, scènes de genre où défilent quelque
cent trente serviteurs arborant des objets d'usage courant.

D'autres tombes princières furent fouillées, notamment au Qianling. Elles
participent ensemble de la même esthétique qui utilise le trompe-l'œil. Les plafonds
magiques des Han, avec leurs corps célestes, sont souvent remplacés par des motifs
de caissons inscrits de fleurs de lotus. Ces ornements découlent des palais, une inspiration laïque mais aussi un souci évident d'illusion optique pour renforcer la
liaison avec l'architecture intérieure. Dans le même esprit, des arbres, des rochers
suggèrent des grands espaces comme pour abolir les murs. On trouve encore des

galeries de bois, avec de savants encorbellements, peuplées de personnages aux silhouettes fluides [9]. Ces figures sont traitées grandeur nature. Courtois, élégants, tous ces êtres semblent dotés d'un destin individuel. Cependant, aucun ne ressort vraiment et les regards complices qu'ils s'adressent tissent un réseau unificateur continu. Des détails bien observés des contours expressifs insufflent la vie à tout ce peuple d'outre-tombe. Cette maîtrise du pinceau qui avive le dessin découle directement de la calligraphie. Tous les peintres de l'époque s'y réfèrent et regardent dans la même direction, celle du fameux Wang Xizhi (*c.* 307-365), dont l'autographe le plus célèbre, tracé en 353, se transmettait de génération en génération jusqu'à ce que le moine Bian Cai, son dernier possesseur, reçût l'ordre de le porter au palais. L'empereur Taizong, subjugué, exigea qu'il soit déposé à côté de lui dans son tombeau. Ainsi quittait-on le monde, il y a quatorze siècles, ou un peu moins, quand on était empereur de Chine, avec ses chevaux, un poème dans la main.

1. Avec le bouddhisme s'instaure la crémation des corps, une pratique peu favorable aux fastes de l'architecture funéraire. Aussi, les souverains des dynasties du Nord attacheront leur mémoire plutôt à l'édification de sanctuaires rupestres tels Yungang, Longmen ou Gongxian. Le seul site impérial bien connu est celui de Yongguling, le mausolée de l'impératrice Wenming et du prince consort Xiaowen (*cf.* « Datong Fangshan Bei Wei Yongguling », *Wenwu*, 1978, n° 7, p. 29-35). Quant aux monarques des dynasties du Sud, confucéens par tradition, ils établiront leurs tombeaux dans la région de Nankin. Cent vingt et une tombes officielles ont été reconnues, dont trente et une princières ou impériales. La majeure partie des sculptures monumentales avait été signalée par Segalen. Ce travail a été réactualisé récemment (*cf.* LUO Zongzhen, *Liuchao lingmu maizang zhidu zongshu, Zhongguo kaogu xuehui diyici nianhui lunwenji*, 1979, p. 358-366).

2. « Zhaoling peizang mu diacha ji », *Wenwu*, 1977, n° 10, p. 33-40.

3. ZOU Zongxu, *Qiannian gudu, Xi'an*, Xian, Shaanxi Renmin meishu chubanshe, 1990, p. 128-135.

4. Yan Liben, fils du peintre Yan Bi, est né vers 600 à Wannian au Shaanxi et meurt en 674. Peintre officiel sous les règnes de Taizong et de Gaozong, il fut aussi homme d'État nommé Premier ministre en 668. Si aujourd'hui nous ne possédons plus sa peinture représentant *Les Six Coursiers*, un rouleau peint par Zhao Lin, un artiste de la dynastie Jin (1127-1279), conservé au musée du Palais à Pékin, remémore la renommée du sujet.

5. Han Gan, né à Lantian au Shaanxi en 715, a passé sa vie à Chang'an. Il fut introduit au palais par Wang Wei comme peintre de chevaux. Toutefois, son style au début surprit le souverain, car le jeune peintre ne travaillait pas dans une veine hiératique conforme à la tradition. Il préférait peindre des œuvres réalistes inspirées par l'observation directe de la nature. Devant l'étonnement de l'empereur, on lui prête l'assertion suivante : « J'ai mes maîtres à moi. Tous les chevaux de Votre Majesté sont mes maîtres. » Quoi qu'il en soit, il connut un réel succès. Ainsi, le *Xuanhe Huapu* vers 1119-1126 signalait cinquante-deux de ses peintures présentes dans les collections impériales. Deux rouleaux de sa main semblent avoir été conservés, l'un au musée du Palais de Taibei – authentifié en 1107 par un colophon de l'empereur Huizong – l'autre représentant *Illuminer la nuit* provenant de l'ancienne collection Xiang Ziyuan datée de 1138, actuellement au Metropolitan Museum of Art de New York. *Palefreniers présentant des chevaux*, le rouleau conservé au musée Cernuschi, pourrait appartenir à la mouvance du peintre, comme semblerait l'indiquer le sceau de Li Yu (962-978).

6. J. C. FERGUSSON, « The Six Horses of T'ang T'ai Tsung », *Journal of Northern China Branch*, 1936, p. 2-9.

7. « Tang Yide taizi mu fajue jianbao », *Wenwu*, 1972, n° 7, p. 26-32.

8. « Tang Zhanghuai taihou mu fajue jianbao », *Wenwu*, 1972, n° 7, p. 13-25.

9. « Tang Yongtai gongzhu mu fajue jianbao », *Wenwu*, 1964, n° 1, p. 7-33.

Fin des Sui, début des Tang
VIIe siècle
Terre cuite grise, traces de polychromie
H. : 51 cm
Donation J. Polain
Musée national des Arts asiatiques-Guimet
(MA 6100)

Bibliographie
J. POLAIN, *Passion for Asia. A European Collection*, Louvain-la-Neuve-Paris, Duculot, 1992, n° 17. Edward H. SCHAFER, « The Camel in China down to the Mongol dynasty », *Sinologica*, n° 3, 1950, vol. II, p. 165-194 ; n° 4, p. 263-287.

Le chameau de la Bactriane à l'étrange selle de chair [1] est un animal adapté aux déserts froids. Appartenant au monde des steppes [2], endurant et régulier dans sa marche, capable de détecter la présence de l'eau ou la menace d'une tempête de sable, il fut le véhicule privilégié de tous ceux qui vivaient ou fréquentaient les oasis de la route de la soie. À bord de ce navire, moines, marchands, bateleurs et autres randonneurs des grands espaces arrivaient un jour à la « porte de Jade ».

À l'inverse, en Chine, la nécessité de protéger les frontières nord toujours menacées par les nomades, de se fournir en jade (Khotan) et en chevaux (Ferghâna) avait sans doute familiarisé depuis longtemps certains des hommes de la grande plaine avec ce ruminant. Et, en effet, les sources écrites nous parlent de lui dès le Ve siècle avant notre ère [3]. L'époque Han (206 avant notre ère-220 de notre ère) nous en a livré quelques représentations et, parmi celles-ci, une étonnante figurine en ronde bosse découverte en 1984 dans la banlieue de Xi'an [4].

Mais c'est lorsque la Chine du Nord tombe au IVe siècle sous la coupe des Tuoba, clan principal des Xianbei, que l'animal se fait très présent en terre chinoise [5].

Une image se crée alors d'un chameau « plus vrai que nature », à tête petite, corps trapu, fourrure abondante et cou très fortement déporté en avant. Si différente de celle que nous offre l'époque Tang (618-907) que l'on en vient à se demander si l'on n'a pas soudain affaire à une autre race. Supposition qu'infirme la diversité des régions d'où provenait alors le cheptel. C'est un fait chronologique et stylistique, ce que l'on appelle parfois « le style Tang international » qui fait ici toute la différence.

Or, à bien regarder le chameau présenté ici [6], il est manifeste que l'harmonie qui en émane est celle de la Chine à nouveau pleinement en possession d'elle-même.

Élégance des proportions, attitude paisible et vivante de l'animal qui détourne la tête sans pour autant manifester de mauvaise humeur, absence de glaçures *sancai* [7], tout porte à croire qu'à l'instar de son homologue d'Osaka [8] il provient de Chine du Nord et appartient au VIIe siècle de notre ère.

De plus, la parfaite identité des détails anatomiques de la tête, des plis du cou, des incisions figurant le pelage et du tapis de selle avec ceux de l'exemplaire d'Osaka permet d'imaginer que les deux animaux avaient sans doute été créés afin de porter témoignage du bien dont jouissait leur propriétaire et d'assurer sa pérennité dans l'au-delà.

C. D.

1. E. H. SCHAFER, art. cit., 1950, p. 178.

2. M. ROSTOVTZEFF, *The Animal style in South Russia and China*, 1929, pl. XXVIII, n° 4. J. G. ANDERSSON, « Selected Ordos Bronzes », *Bulletin of the Museum of Far Eastern Antiquities*, n° 5, 1933, pl. IX, 2.

3. E. H. SCHAFER, art. cit., 1950, p. 174-175.

4. *Tomb Treasures from China, The Buried Art of Ancient Xi'an, op. cit.*, 1994, n° 22. Bas-reliefs funéraires de l'époque Han : E. CHAVANNES, *Mission archéologique dans la Chine septentrionale*, Paris, École française d'Extrême-Orient, 1909, pl. XXVII. *Stories from China's Past : Han dynasty Pictorial Tomb Reliefs and Archaeological Objects from Sichuan Province, People's Republic of China, op. cit.*, 1987, pl. LIII. Peintures funéraires du IVe siècle de notre ère : Jan FONTEIN et WU Tung, *Han and T'ang Murals discovered in tombs in the People's Republic of China and copied by contemporary Chinese Painters*, Boston, Museum of Fine Arts, 1976, n° 70 et 80.

5. E. H. SCHAFER, art. cit., 1950, p. 179.

6. La patte arrière gauche de l'animal a été refixée.

7. Une céramique « Trois couleurs », ou *sancai*, est un grès revêtu de glaçures plombifères colorées à l'aide d'oxydes métalliques. *Cf.* n° 57 à 67.

8. SATO Masahiko, *Chûgoku no dogû*, Tokyo, 1965, fig. 104 et p. 107-108. Appartenant à une personne privée, cet exemplaire est décrit sans indication de provenance mais toute une série très similaire, exhumée à Luoyang et publiée en 1955 par son propriétaire, M. Ding Huikang, nous donne vraisemblablement la clef de l'énigme, *Ancient Chinese Pottery Figures*, traduction, par Collet's Chinese Bookshop, Londres, 1956, fig. 26-29.

Époque Tang
Fin du VIIe siècle-début du VIIIe siècle
Terre cuite polychrome
H. : 38 cm
Donation J. Polain
Musée national des Arts asiatiques-Guimet
(MA 6101)

Bibliographie
Paul DEMIÉVILLE, *Airs de Touen-Houang. Textes à chanter des VIIIe-Xe siècles*, Paris, CNRS, 1971, p. 13-97. HARADA Yoshito, « Hosokawa gezô kasai ritsujôyô ni tsuite », *Yamato Bunka*, n° 38, 1962, p. 1-7. ZHOU Xun et GAO Chunming, *Le Costume chinois*, Paris, Office du Livre, Éditions Vilo, 1985, p. 54-98. J. POLAIN, *Passion for Asia. A European Collection*, Louvain-la-Neuve-Paris, Duculot, 1992, n° 18.

1. HARADA Yoshito, art. cit., 1962, p. 6 et note 8.

2. Rêve au cours duquel en compagnie d'immortels il aurait assisté à cette danse exécutée par la déesse de la lune.

3. P. DEMIÉVILLE, *op. cit.*, 1971, p. 164 et § 33, 50-52.

4. Autrement dit, il s'agit de la musique de Kucha dont plusieurs timbres bouddhiques ont été adaptés pour des textes à chanter, profanes ou taoïstes ; *cf.* P. DEMIÉVILLE, *op. cit.*, 1971, § 27, 37 et l'exemple d'un tel emprunt, mi-taoïste, mi-bouddhique dans l'*Air pour chanter la lune*, traduit p. 97.

5. Que l'on doit pouvoir considérer comme une adaptation : *a*) des écharpes des bodhisattva de l'époque Wei (*cf.* notice n° 34) et *b*), de la large manche à nervures penniformes des statuettes de l'époque des Dynasties du Nord (386-534).

6. CHEN Kuei-Miao, *Pottery figurine. The Eternal World of Ceramic Sculpture*, Taipei, National Museum of History, 1988, fig. 14-18. HARADA Yoshito, art. cit., 1962, fig. 4.

7. *5000 ans d'art chinois, Peinture 14, Fresques de Dunhuang 1*, Pékin, Bruxelles, Vander, 1988, fig. 193 ; *ibid.*, vol. II, fig. 3, 68, cette dernière, coiffée d'un oiseau et tenant semble-t-il une baguette et un petit tambour.

8. M. GRANET, *Danses et légendes de la Chine ancienne*, Paris, Librairie Félix Alcan, 1926, p. 248, 503, 569-579.

Un costume somptueux aux couleurs vives, un port de reine, tout concourt dans cette image à nous transmettre l'idée d'un être d'exception. En 1955, le professeur Mizuno Seiichi [1] a fait le rapprochement entre ce vêtement et « la jupe d'arc-en-ciel et robe de plumes » *(nishang yuyi)*, titre d'une mélodie dansée, étroitement liée au règne de l'empereur Xuanzong (712-756). La tradition rapporte en effet que celui-ci, à la suite d'un rêve [2], en aurait composé les paroles et que sa favorite – la belle Yang Guifei ainsi vêtue – aurait définitivement captivé ses yeux et son cœur en dansant sur cette mélodie.

Cependant, le titre *nishang yuyi* n'est pas de ceux qui figurent parmi ceux que nous livrent les divers documents traitant de la musique à l'époque Tang. En revanche, brève mention en est faite dans les manuscrits de Dunhuang qui nous apprennent qu'un certain Wang Yen la chanta en 923 et qu'on la dansa à l'époque des Jin postérieurs [3] (936-946). D'après Harada Yoshito (art. cit., 1962, p. 7), l'empereur aurait transformé en un chant taoïste une ancienne mélodie bouddhique de Sérinde, *Le Brahmane*, datant de l'époque des Liang occidentaux [4] (400-431). Par ailleurs, l'ancienneté du thème apparaît aussi à l'analyse des composantes du costume.

Si l'on fait abstraction des épaulettes et du double empiècement au bras [5], le haut du costume ne diffère aucunement du gilet long à manches larges fermé par une ceinture sous la poitrine que portent les danseuses, musiciennes et dames d'honneur de l'époque des Dynasties du Nord [6]. Cet ensemble était porté sur une jupe longue à rayures et le tout fut vraisemblablement emprunté aux Xianbei (*cf.* figure n° 37). En revanche, l'élément triangulaire orné de rubans *xian* est propre au monde chinois : rouleau de Gu Kaizhi (actif, seconde moitié du IVe siècle) illustrant le *Fu à la déesse de la rivière Luo* ; peintures murales de Dunhuang représentant des divinités autour du Bouddha (époque Sui, grotte n° 397), ou de Vimalakirti, au début puis à l'apogée des Tang [7] (grottes n° 203 et 103).

L'oiseau, que l'on ne doit vraisemblablement pas confondre ici avec un Phénix (même si l'une de ses connotations liée à l'étoile Polaire ne peut être exclue), est sans doute le faisan emblématique, lié au héros mythique Yu, au cycle du tonnerre et de la pluie qui féconde, dont le chant et la danse assuraient à la nature son cours régulier [8]. Quant au chignon, il est du type « à double anneau en voyant les fées » *(shuanghuan wangxianji)*.

Esthète et grand amateur de musique, l'empereur Xuanzong se sera sans doute attaché à donner un nouveau souffle à cette ancienne mélodie, la postérité se chargeant d'associer le fait à la belle favorite, à commencer par le poète Bai Juyi (772-846) dans son *Chant des longs regrets*.

C. D.

Époque Tang
Fin du VIIe siècle-début du VIIIe siècle
Terre cuite polychrome
H. : 36 cm
Donation J. Polain
Musée national des Arts asiatiques-Guimet
(MA 6102)

Bibliographie
ZHOU Xun et GAO Chunming, *Le Costume chinois*, Paris, Office du Livre, Éditions Vilo, 1985, p. 54-97. J. POLAIN, *Passion for Asia. A European Collection*, Louvain-la-Neuve-Paris, Duculot, 1992, n° 19.

1. HARADA Yoshito, art. cit., 1962, p. 1.

2. Dès le VIe siècle en effet, le bouddhisme mit fin à la construction des grands tumulus de l'époque Kofun (250-552) ;
cf. F. MACÉ, *La Mort et les Funérailles dans le Japon archaïque*, Paris, POF, 1981.

3. Ces admonestations jouèrent un rôle dans la réglementation de la taille et du nombre des *mingqi* mais elles n'eurent guère d'efficacité.

4. ZHOU Xun et GAO Chunming, *op. cit.*, p. 88, 90.

5. *5000 ans d'art chinois, Peinture 14, Les fresques de Dunhuang 1, op. cit.*,1988, fig. 47 (grotte n° 263) ; fig. 102 (grotte n° 285).

En 712, les funérailles de la famille impériale, des princes et de toute l'aristocratie avaient atteint à un tel degré de somptuosité que certaines bonnes âmes s'en émurent et le firent savoir à l'empereur [1]. Le cortège funéraire en effet se déployait depuis le domicile du défunt jusqu'à la tombe en traversant toute la ville et l'on pouvait admirer en particulier, à partir de la troisième voiture, les splendides *mingqi* destinés à témoigner de la position sociale de leur propriétaire, aussi bien dans le royaume des vivants qu'au royaume des morts. Ainsi, contrairement à ce qui s'était passé au Japon [2], le bouddhisme – pourtant en plein essor à cette époque – n'avait pu entamer des convictions et une tradition qui, depuis les Han, cherchaient à faire de la demeure ultime du défunt un fac-similé de sa demeure ici-bas [3].

Frêle et gracieuse, le visage orné d'une marque de beauté, un peu dédaigneuse, la taille prise dans un élégant boléro à épaulettes, la statuette répond au goût du début de l'époque Tang pour les femmes fées, à mi-chemin entre la dame au statut social bien défini et la danseuse que l'on sait, que l'on sent capable de s'envoler soudain dans une nuée d'écharpes tournoyantes.

Sa coiffure dont le nom, *dandaoji,* décrit la forme en lame de sabre est dite aussi « coiffure de divinité volante ». Cette appellation provient sans doute d'une mode datant des Dynasties du Sud (420-557) où les femmes, influencées par le bouddhisme, avaient inventé un chignon qui devait les faire ressembler aux *apsara* dont le vol aux fluides arabesques peuple les espaces infinis où se meuvent bouddha et bodhisattva.

Le bustier moulant très raffiné, orné de motifs de fleurs et palmettes polychromes sur un fond rouge éclatant – le *banbi* – est un héritage du gilet de l'époque Sui. Continuité réelle des tenues vestimentaires mais cependant marquée au sceau de la nouveauté car il s'agit d'un gilet à façon, créé précisément à la fin du VIIe siècle ou au début du VIIIe. Et de fait, le col large [4] à effet « pull-over » et les empiècements qui remontent en pointe aux épaules n'apparaissent ni sur les statuettes des époques antérieures ni dans les peintures des ères précédentes ou contemporaines. En revanche, le jeu d'écharpes en fer de lance qui couvre les épaules des bodhisattva peints à Dunhuang dans le style très décoratif des Wei du Nord et de l'Ouest [5] paraît une source d'inspiration assez vraisemblable. Et cela d'autant plus que ces peintures murales bouddhiques dépeignaient par prosélytisme un monde enchanteur auquel les prospères élites chinoises du début de l'époque Tang s'identifiaient avec délices, le plus naturellement du monde.

Coiffure d'*apsara*, épaules de bodhisattva, chaussures de nuages, la dame d'honneur participe involontairement de cet univers où se mêlent sans heurt bouddhisme, taoïsme et monde profane.

C. D.

Époque Tang
Fin du VIIe siècle-début du VIIIe siècle
Terre cuite polychrome
H. : 36 cm
Donation J. Polain
Musée national des Arts asiatiques-Guimet
(MA 6103)

Bibliographie
HARADA Yoshito, « Hosokawa gezô kasai ritsujôyô ni tsuite », *Yamato Bunka*, n° 38, 1962, p. 1-7. Edward H. SCHAFER, *The Golden Peaches of Samarkand, A Study of T'ang Exotics*, University of California Press, 1985, p. 52, 114-115. J. POLAIN, *Passion for Asia. A European Collection*, Louvain-la-Neuve-Paris, Duculot, 1992, n° 19.

1. *Sekai tôji zenshû 11, Sui Tô*, Shogakukan, Tokyo, 1976, fig. 30-31.

2. HARADA Yoshito, art. cit., 1962, p. 4, mentionne également les figures de la tombe d'un haut fonctionnaire décédé en 718.

3. *Wenwu*, n° 7, 1975, p. 25.

4. *Sekai tôji zenshû, op. cit.*, fig. 30-31.

5. ZHANG Hongxiu, *Highlights of the Tang Dynasty Tomb Frescoes*, Shaanxi People's Fine Arts Publishing House, 1988, p. 52-53.

6. Voir en particulier l'image de Brahma tenant un chasse-mouches, peinture datée de 755 ; P. DEMIÉVILLE, *Hôbôgirin*, Tokyo, Maison franco-japonaise, 1929-1930, p. 113 *sqq*.

7. Rappelons qu'elle ordonna que soit traduit *l'Avatamsaka sûtra* (Sûtra de l'ornementation fleurie du Bouddha) dont elle rédigea la préface et que, par ailleurs, les seules images peintes du costume *nishang yuyi* de l'époque Tang apparaissent à Dunhuang dans un contexte bouddhique.

Très proche de l'exemplaire n° 32, cette statuette, dont les verts et les bleus ont particulièrement bien résisté, peut aussi être rapprochée de la magnifique figurine de l'Eisei Bunko de Tokyo [1]. Simplement, les applications d'or y sont moins nettes tandis que le visage est du même type que celui des deux figurines du musée Guimet (MA 4724 et 4719, collection Rousset).

Le caractère artificiel de sa coiffure, le *dandaoji* (*cf.* figure n° 37), se comprend assez facilement lorsque l'on observe les chignons des femmes dont l'image est gravée sur les parois du sarcophage de la princesse Yongtai inhumée en 706 [2]. Sans doute s'agit-il d'une armature rigide assujettie aux cheveux naturels relevés en chignon sur laquelle étaient posées – entre autres ornements possibles – de fines soies ou brocarts de soie richement colorés (HARADA Yoshito art. cit., 1962, p. 4). Les traces brunes, de format rectangulaire, qui apparaissent sur le côté et l'avant de la coiffure de la figurine, correspondent parfaitement aux plages dorées ornées de rinceaux peints de l'exemplaire de Tokyo et sont forcément de même nature. Ainsi, l'hypothèse du tissu ornemental proposée par Harada Yoshito paraît d'autant mieux confirmée que les nombreuses figurines d'Astana, découvertes en 1973 [3], portent elles aussi sur leur chignon un décor de montagnes et nuages qui ne se comprend qu'en tant que tissu imprimé ou brodé.

Sato Masahiko [4] a précisé que les plumes du vêtement de la danseuse sont symbolisées par les empiècements d'épaules et l'arc-en-ciel par les six rubans *xian* cousus au bord du tablier triangulaire. Cela étant, aucune de ces figurines n'est jamais figurée autrement que dans cette attitude digne et statique. En revanche, les figurines du musée de Taibei à qui il ne manque que « l'arc-en-ciel » pour leur ressembler infiniment exécutent deux à deux une gracieuse danse à figures tout à fait comparable à celle qui est représentée dans la tombe de Li Ji mort en 669, c'est-à-dire près d'un siècle et demi plus tard [5]. Le geste très précieux de l'index tendu – qui s'appuie sur un objet différent tenu dans chaque main – rappelle la façon dont certaines divinités bouddhiques tiennent leurs attributs [6]. Malheureusement, ces deux objets restent énigmatiques alors que leur identification offrirait sans doute la clef du rôle dévolu au personnage revêtu de la jupe d'arc-en-ciel et vêtement de plumes.

Le fait que les figurines du musée de Taibei (comme celles qui portent ce fameux costume) proviennent invariablement de Luoyang lorsque leur origine est connue me paraît en tout cas être le signe d'une relation très étroite entre ces deux groupes. Cette provenance commune permet en outre d'imaginer que cette remarquable création de l'époque Tang correspond peut-être au règne de l'étonnante impératrice Wu Zetian (684-705) qui avait l'heur de ne point mépriser le bouddhisme [7] et qui, par ailleurs, s'était empressée précisément de transférer la capitale à Luoyang.

C. D.

35 Dame de Cour

Époque Tang
Début du VIIIe siècle
Terre cuite polychrome
H. : 41 cm
Donation J. Polain
Musée national des Arts asiatiques-Guimet
(MA 6104)

Bibliographie
J. POLAIN, *Passion for Asia. A European Collection*, Louvain-la-Neuve-Paris, Duculot, 1992, n° 23.

1. Adaptation chinoise du costume des belles de Kucha, *cf.* A. GRÜNWEDEL, *Alt-Kutscha*, Berlin, 1920, en particulier, *Grotte du navigateur*, pl. XVIII, XIX, XXIII, ou *Grotte du paon*, pl. II, VI.

2. *Cf.* les figurines *sancai* n° 59, 60 et 61-63.

3. ZHANG Hongxiu, *op. cit.*, 1988, p. 41, 42.

4. Les deux autres étant le chignon à une courbe de sabre (*cf.* fig. n° 33, 34, 36) et le chignon en forme de « cygne effarouché ».

5. Dès 640 puis, après une interruption « tibétaine » vers 670, regagnée pour un bon demi-siècle à partir de 692.

6. Il existait au moins douze schémas pour les sourcils et quinze types de marques de beauté ZHOU Xun et GAO Chunming, *op. cit.*, 1985, p. 77 ; SUN Ji, *Mœurs, coutumes, moyens de déplacement et de transport, harnachements et ornements*, Wenwu chubanshe, Pékin, 1993, p. 191.

La qualité des figurines variant bien plus en fonction de leur éloignement de la capitale que de l'importance relative de la tombe, celle-ci ne peut servir de véritable critère sinon à nous donner la quasi-certitude de la provenance de cette statuette, la province du Henan ou du Shaanxi. En effet, la présence altière qui en émane ne peut tromper. Et, même si la position des chaussures paraît maladroite, y compris les deux plis au bas de la robe censés représenter le mouvement du tissu soulevé par elles, ce manque de souplesse sied parfaitement au maintien d'une dame de haut rang consciente de sa position, des privilèges qu'elle lui octroie, des obligations qu'elle lui impose.

Elle porte une jupe rayée qui fut très à la mode jusqu'à la fin du VIIe siècle et même au-delà, et, comme sous les Sui, un gilet à manches longues et serrées qui constitue l'essentiel du vêtement du haut. Cependant, un bustier moulant à encolure basse et manches courtes, le *banbi*, est enfilé par-dessus [1].

On y distingue encore les traces d'un motif floral qui était peut-être du même type que celui de la figurine n° 34. Un faux effet de col en V, très fréquent sur les statuettes habillées de la sorte [2], est dû au port d'une écharpe légère posée sur les épaules, croisée sur la poitrine et dont le pan gauche semble passé à l'intérieur de la jupe. Ce détail du costume est attesté dès 660 dans la tombe de Li Zhen [3].

Les cheveux sont dressés en chignon à spirales multiples qui donne à la coiffure l'aspect d'un coquillage. C'est l'un des trois chignons les plus portés au début de l'époque Tang [4]. Tout comme les coiffures, l'adoption de tel ou tel modèle de chaussures à bout orné de nuages relevait sans doute du choix personnel de l'individu. Néanmoins, le modèle au nuage de forme anguleuse ne paraît s'être généralisé – si l'on se réfère aux peintures funéraires – qu'aux environs de 701-706 (*cf.* la tombe de Zhanghuai, *Wenwu*, n° 7, 1972, et n° 2, 1973). Généralisation qui semble en outre aller de pair avec celle du chignon à spirales multiples. La statuette doit par conséquent se trouver chronologiquement à mi-chemin entre les productions de la fin du VIIe siècle et celles qui vont être traitées en *sancai* au cours de la première décennie du VIIIe [2].

Ultime raffinement enfin, le maquillage pour lequel les Chinoises s'étaient enthousiasmées à l'instar de leur consœurs d'Asie centrale, surtout depuis que la région de Turfan était passée sous tutelle impériale [5]. De cet appareil de séduction qui comportait fond de teint, fard à joues et à lèvres, sourcils redessinés au pinceau et marques de beauté [6], il ne subsiste sur la statuette que la marque du front *meihua* à points rayonnants autour d'un centre, autrement dit en forme de fleur de prunier, signe auspicieux de longévité.

C. D.

Dame de Cour

Époque Tang
Fin du VIIe siècle-début du VIIIe siècle
Terre cuite polychrome
H. : 57 cm
Donation J. Polain
Musée national des Arts asiatiques-Guimet
(MA 6105)

Bibliographie
J. POLAIN, *Passion for Asia. A European Collection*, Louvain-la-Neuve-Paris, Duculot, 1992, n° 25.

1. *Cf.* par exemple les n° 49-50, 53-54, 62.

2. ZHANG Hongxiu, *op. cit.*, 1988 : tombe de la princesse Fang Lin (673) ; de Li Feng (674) ou encore d'Arshinar-Zhong (675).

3. Figurine du musée de Shanghai, *Zhongguo meishu quanji Sculpture 4, Sui et Tang*, Shanghai, Pékin, 1988, fig. 125 et p. 43 ; collection de l'University Museum de Philadelphie.

4. ZHANG Hongxiu, *op. cit.*, 1988, fig. 38, p. 49.

5. *Cf.* notices 33 et 34.

6. *The Silk road. Treasures of Tang China*, cat. exp., Singapour, 1991, p. 84, 71 et *Wenwu*, n° 7, 1975.

7. ZHOU Xun et GAO Chunming, *op. cit.*, 1985, p. 86.

Les chaussures à l'extrémité relevée en forme de nuage (dont on a retrouvé un très bel exemplaire en brocart de soie à Astana en 1968) furent à la mode durant toute l'époque Tang, portées par les dames lorsque celles-ci ne s'adonnaient pas à une activité sportive ou lorsqu'elles n'avaient pas choisi de s'habiller comme des hommes [1]. Il en était de deux sortes : l'une, anguleuse qui finira par prendre le pas et évoluera vers la chaussure à pointe unique largement recourbée, et l'autre, épanouie en corolle, dont la mode passera plus vite. Ici encore, les peintures des tombes Tang fréquemment datées avec précision nous permettent de placer la diffusion la plus grande de ce type de chaussures au cours du dernier quart du VIIe siècle [2].

Détail vestimentaire qui va de pair avec un costume un peu différent de celui que porte la figurine précédente (n° 35). En effet, l'écharpe n'est pas croisée devant la poitrine et laisse apercevoir le gilet mi-long dont les pans cette fois ne sont pas rentrés dans la jupe et le *banbi* à manches courtes enfilé par-dessus.

La polychromie, comme sur les quelques exemples répondant à cette iconographie [3], a disparu. Pourtant, il est vraisemblable que les tons dominants devaient être le vert et le rouge ainsi que nous le suggèrent d'infimes traces de ces couleurs sur le gilet, l'écharpe et le *banbi,* ce que paraît corroborer la peinture murale. On notera par exemple qu'une flûtiste de la tombe de Li Shuang est habillée de la même façon, jupe à rayures rouges et blanches, gilet vert et *banbi* rouge [4].

L'ovale du petit visage charmant qui semble avoir gardé les rondeurs de l'enfance est rendu terriblement sérieux par la haute coiffure, une savante architecture postiche posée sur les cheveux naturels [5]. Il n'est pas impossible que deux points de beauté aient été placés de chaque côté des lèvres. Par ailleurs, une observation attentive permet de reconnaître entre les sourcils peints un motif floral stylisé du type *huadian* qui était tracé au pinceau ou bien appliqué au moyen de minuscules morceaux de métal. Ce maquillage provient sans doute d'Astana où on l'utilisait beaucoup [6] mais une légende rapporte que c'est une princesse chinoise de l'époque des Dynasties du Sud et du Nord (420-589) dont le front fut accidentellement teint par une fleur de prunier qui s'y était posé par hasard qui – bien malgré elle – lança cette mode [7].

C. D.

37 Dame d'honneur

Époque Tang
Fin du VIIe siècle-début du VIIIe siècle
Terre cuite polychrome
H. : 37 cm
Legs R. Kœchlin
Musée national des Arts asiatiques-Guimet
(EO 2954)

Bibliographie
AIKAWA Kayoko, « Takamatsu kozuka hekiga jinbutsu no fukushoku to ji butsu », *Ars Buddhica*, n° 87, 1972, p. 46-50. UMEHARA Kazu, « Takamatsu zuka no hekiga ni tsuite », *Kobijutsu*, n° 37, 1972, p. 38-39.

1. La figurine a été brisée au niveau du tiers inférieur de la jupe.

2. *The Silk Road, Treasures of Tang China*, *op. cit.*, 1991, p. 78-79.

3. Il semble que le pigment vert utilisé pour le décor de ces statuettes, qui la plupart du temps a disparu, ait été particulièrement fragile.

4. La capture de martins-pêcheurs à cette fin a été définitivement interdite en 1107 ; *cf.* E. H. SCHAFER, *op. cit.*, 1985, p. 114 et p. 307, note n° 88.

5. *5000 ans d'art chinois, Peinture 14, Les fresques de Dunhuang 1, op. cit.*, 1988, fig. 90.

6. UMEHARA Kazu, art. cit., 1972, p. 38-39.

7. *5000 ans d'art chinois, op. cit.*, 1988, fig. 198.

Une polychromie plus éteinte et des chaussures à bouts retournés qui se devinent sous la jupe au lieu d'être mises en évidence sont les seuls points qui différencient cette figurine de la danseuse n° 33. Même coiffure, même costume et même attitude, les deux statuettes à l'évidence sont contemporaines [1]. En revanche, le dessin des yeux, relevés en amande, et un air d'extrême jeunesse que l'on ne retrouve pas chez sa consœur sont peut-être une variante utilisée par les coroplastes, à moins qu'à l'instar des musiciennes et danseuses issues des ateliers du Henan [2] il ne s'agisse éventuellement de la reproduction d'un type de visage féminin plus particulièrement apprécié dans cette province, site de Luoyang, l'autre capitale de l'empire des Tang.

Le gilet « pull-over » rouge à empiècement (*cf.* danseuse n° 34) est passé par-dessus une longue jupe étroite à rayures, s'évasant vers le bas. Cette jupe, qui s'agrémentait parfois de tons supplémentaires, surtout de vert [3], est très caractéristique du vêtement féminin du début de l'époque Tang. Figurines et peintures funéraires en témoignent largement et il semblerait que ce ne soit que vers le début du VIIIe siècle que des teintes diverses et motifs de toutes sortes aient été mis à la mode, y compris cette fameuse soie tissée de plumes de martins-pêcheurs qui faillit mener à l'extinction de l'espèce [4]. Ces tissus rayés qui apparaissent assez soudainement dans le costume chinois sont issus très vraisemblablement de cet immense creuset d'influences variées que le contact forcé ou provoqué depuis le IVe siècle avec des populations aux mœurs et coutumes étrangères fit connaître aux gens de la plaine et souvent adopter en les adaptant parfois. L'une de ces populations – les Xianbei – originaires du Hexi (actuel Liaoning, au nord-est de la Chine), connut une formidable expansion, vers la Corée d'une part, et vers la Chine du Nord où se distingua le clan fédérateur des Tuoba ou Wei du Nord à partir de 386. Une très belle peinture murale de Dunhuang [5] (grotte n° 285) de l'époque des Wei de l'Ouest (535-556) représente un groupe de donateurs portant le costume traditionnel des Xianbei. Celui-ci se compose pour les femmes d'un gilet long serré à la taille et d'une jupe à rayures.

Ce costume caractéristique a été adopté par les Coréens dont les femmes – au Ve siècle –, telles qu'elles apparaissent figurées sur les parois des tumuli de Tokhungri et Susanri, sont ainsi vêtues. Cette adoption serait même allée jusqu'à en faire – au moins jusqu'au VIIe siècle – un costume national si l'on en juge d'après les vêtements identiques portés par les femmes représentées sur les parois du tumulus de Takamatsu, dont on pense qu'il fut la dernière demeure d'un immigré coréen qui vivait au Japon au VIIe siècle [6]. À Dunhuang, à nouveau, mais cette fois à l'époque Sui, les donatrices chinoises de la grotte n° 62 portent cette fameuse jupe rayée [7] que l'on revoit ensuite revêtue par les musiciennes et danseuses de la tombe de Li Shou (Shaanxi) mort en 630.

La mode était lancée, et les belles dames de la Cour furent les premières à l'adopter, sans doute persuadées que ce costume qu'elles empruntaient aux danseuses et musiciennes de leur entourage leur transmettrait une partie, sinon la totalité de la grâce de ces femmes presque irréelles.

C. D.

Époque Tang
VIIIᵉ-IXᵉ siècle
Terre cuite, engobe clair et polychromie
H. : 47 cm
Donation J. Polain
Musée national des Arts asiatiques-Guimet
(MA 6106)

Bibliographie
J. POLAIN, *Passion for Asia. A European Collection*, Louvain-la-Neuve-Paris, Duculot, 1992, n° 27.

1. Date à laquelle Yang Guifei devint officiellement la favorite de l'empereur.

2. *Wenwu*, n° 7, 1955, p. 103-109.

3. On notera cependant un repeint malheureux aux épaules qui désorganise la lecture du costume dans sa partie haute.

4. En particulier, de Zhang Xuan, *Les femmes traitant la soie nouvellement tissée*, copie Song d'une œuvre Tang, musée des Beaux-Arts de Boston ; de Zhou Fang, *Les Dames à l'éventail de soie*, musée du Palais de Pékin.

5. *Zhongguo meishu quanji, Sculpture 4, Sui et Tang, op. cit.*, 1988, fig. 160 et p. 54.

6. *5000 ans d'art chinois, peinture 15, les fresques de Dunhuang 2*, Bruxelles, 1989, fig. 150.

Une tradition tenace mais tout à fait charmante attribue au goût prononcé de l'empereur Xuanzong pour les formes épanouies de la belle Yang Guifei la mode nouvelle qui, au cours de l'époque Tang, transforme le corps idéalisé d'une femme enfant en celui d'une plantureuse matrone.

L'archéologie a fait mentir cette légende mais il est pourtant vrai que c'est à partir des années 740 [1] que se multiplient les images féminines de ce type. Elles sont caractérisées par des vêtements très amples au drapé profondément incisé, un léger déhanchement, un visage aux traits fins perdus dans une masse de chair fardée et surmonté d'une coiffure extravagante qui amplifie dans la démesure les styles des périodes précédentes. À Gaolucun, la tombe de Wu Shouzhong [2], mort en 748, a livré de telles figurines. Comme dans le cas des dames *sancai* à la coiffure au « chignon à demi retourné », la tête plus ou moins inclinée d'un côté ou de l'autre et la position des bras produisent toute une gamme d'expressions familières qui animent ces lourdes personnes de façon saisissante.

Cette dame-ci appartient sans conteste à cette dernière phase de la stylistique féminine de l'apogée des Tang. Elle jouit en outre du rare privilège d'avoir conservé l'essentiel de sa polychromie [3].

Sous une longue jupe bleu sombre imprimée de motifs floraux, attachée très haut sous la poitrine, elle porte un gilet à col en V et larges manches flottantes qui recouvrent ses mains. Par-dessus, comme nous le confirment les peintures de Zhang Xuan (actif 712-742) et Zhou Fang [4] (actif 780-810) ainsi que le dos de la statuette, était posée une cape longue en gaze de soie fine et légère. Les pommettes éclatantes tempérées par les jolis sourcils arqués en feuilles de laurier font équilibre à la masse imposante de la coiffure.

Curieusement, les figurines de cette période ainsi coiffées sont vêtues autrement et ont un port de tête différent ; en revanche, une statuette conservée à Xi'an présente avec celle-ci une analogie frappante [5], en particulier en ce qui concerne la tête, identique jusqu'à la forme de l'oreille au lobe percé, et que l'auteur attribue au IXᵉ siècle. Or, des tissus à motifs imprimés proches de ceux de la robe bleue sont représentés à Dunhuang dans les portraits de donatrices de la grotte n° 9 dont les peintures ont été réalisées entre 848 et 907 [6].

Ainsi, compte tenu de ces données et de la persistance connue des modes instituées au cours de l'ère Tianbao, il n'est pas impossible que cette statuette représente l'une de ces rares figurines funéraires encore exécutées après la disparition du dernier des grands empereurs Tang.

C. D.

39 Caravanier étranger

Shaanxi
Époque Tang
VIIᵉ siècle
Terre cuite avec rehauts de couleur après cuisson
H. : 52 cm
Donation J. Polain
Musée national des Arts asiatiques-Guimet
(MA 6107)

Bibliographie
J. POLAIN, *Passion for Asia. A European Collection*, Louvain-la-Neuve-Paris, Duculot, 1992, n° 24. A. PEYREFITTE, J.-P. DESROCHES, *Visiteurs de l'Empire Céleste*, Paris, musée national des Arts asiatiques-Guimet, 1994, n° 9, p. 60-61.

1. Ces pièces sont exécutées pour la plupart en « trois couleurs ». Par exemple, un caravanier avec son chameau ont été exhumés dans la tombe d'An Pu (*c.* 709), à Longmen (Henan) ; *cf.* R. L. THORP, *Son of Heaven, Imperial Arts of China*, Seattle, Columbus, 1988-1989, cat. n° 129. Une autre pièce provenant également du Henan dans la tombe n° 2 de Guanlin est illustrée dans *Luoyang Tang sancai*, Pékin, 1980, pl. XXIV, XXV. Voir également M. PRODAN, *The Art of the T'ang Potter*, Londres, 1960, pl. LXXVI ; E. SCHLOSS, *Foreigners in Ancient Chinese Art*, New York, 1969, cat. n° 3, 4, 58. Cependant, les pièces les plus expressives sont celles qui sont peintes à froid après cuisson, comme en témoignent les deux personnages d'une collection japonaise, reproduits dans « Sui and T'ang Dynasties », in *Ceramic Art of the World*, Tokyo, 1976, vol. XI, pl. CXXXV, p. 147. Un autre palefrenier en bois peint a été exhumé de la tombe de Zhang Xiong et son épouse à Astana (*c.* 689) en 1973, reproduit dans *Xianjiang Weiwuerzizhiqu bowuguan*, Pékin, 1991, pl. CXXII, et dans *Wenwu*, n° 7, 1975, pl. V-2.

La taille exceptionnelle de cette statuette de caravanier permet de classer la pièce parmi les œuvres destinées à un défunt de haut rang. En effet, les critères de taille et de nombre des objets ensevelis auprès du défunt répondaient à des standards de rituel très précis, dépendant en particulier de la position hiérarchique du personnage inhumé.

Bien que l'homme soit ici représenté sans monture, il s'agit probablement de la reprise du type du caravanier venu du Caucase ou du nord de l'Iran tel qu'on le trouve en grand nombre dans les tombes Tang, où monture et personnage vont de pair. Il porte le *hufu*, ou costume barbare, composé d'une longue tunique ajustée, à encolure double retournée, ouverte jusqu'en bas, accompagnée d'un pantalon. Aux pieds, des bottes à bouts pointus. Dès le début des Tang, avec l'arrivée des étrangers venus d'Asie centrale, le *hufu* va être en vogue au point d'être adopté par l'aristocratie et la Cour, chez les femmes comme chez les hommes (*cf.* n° 62). Si l'attitude du caravanier est classique – le bras droit est levé et le buste légèrement penché en arrière comme pour parer aux mouvements imprévisibles de l'animal – la représentation tire son originalité de l'expression du visage, pleine d'humour et qui frôle la caricature. En effet, si ces figurines, exécutées en série, étaient fabriquées à partir d'éléments moulés et assemblés, ces procédés ne bridaient pas toutefois l'imagination des créateurs [1]. La diversité des portraits restait considérable, soulignée pour certaines pièces par des finitions après cuisson à l'aide de pigments colorés.

Dans cet exemple caractéristique des productions du Shaanxi, la séduction tient également au choix de couleurs fraîches et vives : un ocre orangé pour le manteau, un rose léger pour les joues, un rouge vermillon pour les lèvres et le noir pour les sourcils, les cils, la moustache et la barbe. Enfin, au souci du pittoresque s'ajoute la malice gentiment moqueuse du portraitiste qui dote le personnage d'un nez particulièrement long, faisant presque loucher des yeux démesurément écarquillés, le tout étant surmonté d'un bonnet que l'artiste a allongé à plaisir.

M.-C. R./H. C. T.

Époque Tang
VIIe siècle
Terre cuite grise à engobe blanc
H. : 85 cm
Collection L. Jacob
Musée national des Arts asiatiques-Guimet
(MA 2962)

Bibliographie
L. JACOB, *Arts de la Chine ancienne*, Paris, Parkstone Musées, 1995, t. III, p. 107.

1. *Cf.* notamment le site de Longmen, avec l'ensemble de sculptures du temple Fengxian commandité par l'empereur Gaozong et son épouse Wu Zetian et achevé en 676.

La sensibilité des artistes à la diversité des peuples étrangers au monde chinois rencontrés sur les routes d'Asie centrale et dans la capitale Chang'an renouvelle totalement les thèmes des *mingqi*. On a alors un éventail extraordinairement vivant de cet univers cosmopolite des Tang, où les grandes voies commerciales font se côtoyer hommes et chevaux, commerçants et caravaniers, personnages de la Cour et musiciens.

Le grand palefrenier présenté ici marque bien cet éloignement du monde intimiste et retenu des Han. On assiste à une recherche de l'expression de la force et de l'exotisme. La pièce est volontairement travaillée à grands traits qui façonnent un personnage puissant et déterminé, presque brutal : le visage est carré, aux traits marqués, au nez épaté et à la bouche charnue ; le regard est volontaire, le cou fort, le corps musclé. La tête est coiffée d'un turban noué à l'arrière du crâne, le *putou*. Il maintient les cheveux serrés sur le sommet du crâne ; à l'arrière, une sorte de chignon lâche sur la nuque les réunit. Le vêtement est constitué d'une tunique rouge sans manches et croisée, au col large bordé d'un revers à la manière d'un passepoil, tombant sur les épaules. Le pan avant de la tunique est relevé et pris dans la ceinture, découvrant une chemise verte courte et un pantalon. À cette ceinture pendent des liens dont l'un tient une bourse. Coiffure, col et pan de la tunique font l'objet d'un traitement de détail, avec de grandes lignes profondément incisées. Sur le bord du col subsistent des traces de dorure. Les autres parties du corps ou du vêtement sont traitées de façon plus schématique, avec une matière presque brute. Ainsi du torse que l'on aperçoit dans l'ouverture du col ; des bras aux poings serrés dans une attitude de maîtrise et de force dont l'un est débarrassé de sa manche qui pend dans le dos ; ou des jambes puissantes sortant de deux lourdes bottes avec cuissardes en cuir.

On peut comparer le type ici créé à celui des « gardiens célestes », *lishi*, des temples et grottes bouddhiques [1]. Ayant pour fonction d'effrayer et d'éloigner les mauvais esprits risquant d'importuner le défunt, il semble que ces personnages, abordés en véritable sculpture et non plus en pièces de série moulées, aient hérité de l'idée de la force que ces palefreniers étrangers de grande stature inspirèrent aux artistes chinois.

M.-C. R./H. C. T.

41 Palefrenier

Époque Tang
VIIe siècle
Terre cuite avec polychromie
H. : 37 cm
Donation J. Polain
Musée national des Arts asiatiques-Guimet
(MA 6108)

Bibliographie
J. POLAIN, *Passion for Asia. A European Collection*, Louvain-la-Neuve-Paris, Duculot, 1992, n° 31.

1. E. SCHLOSS, *Foreigners in Ancient Chinese Art, op. cit.*, New York, 1975.

Si sous les Wei les échanges et les voyages à travers l'Asie et l'Extrême-Orient sont liés au bouddhisme, l'époque Tang renforcera les liens commerciaux, jetant sur les routes d'Asie centrale un nombre accru de marchands et de caravaniers en provenance de l'ouest. Ils se dirigent vers la capitale, Chang'an, une cité cosmopolite de près de deux millions d'habitants. Les artistes chinois vont trouver là matière à un renouvellement des thèmes de l'art funéraire. Celui-ci devient le témoignage vivant et pittoresque de l'intérêt de ses contemporains pour les différents peuples rencontrés.

Ezekiel Schloss [1] souligne la différence entre une statuaire bouddhique très stylisée et presque elliptique et le réalisme méticuleux des *mingqi* Tang. S'il est un peu hasardeux d'entreprendre une identification de type ethnologique des différents peuples représentés dans les statuettes funéraires, quelques modèles, variant dans les détails, sont cependant repérables. Les styles de vêtement – tunique à col ou bottes de feutre – les coiffures – cheveux frisés ou emprisonnés dans divers modèles de bonnets ou turbans – et port de la barbe désignent les hommes comme provenant du Proche-Orient, d'Iran ou du monde turco-mongol.

Notre personnage porte ici les attributs traditionnellement prêtés aux hommes du Proche-Orient : un visage aux traits arrondis, une barbe courte en collier, vêtu d'une tunique fendue sur le côté et au col largement ouvert, des bottes à tige haute et droite. La coiffure, qui enserre les cheveux dans le *putou* – sorte de filet les ramenant sur le sommet du crâne en une double coque – est fréquente dans les représentations de palefreniers et marchands arméniens ou turcs. Les deux bras levés de l'homme correspondent au geste de maîtrise d'une monture qui, en général, accompagnait ce type de palefrenier.

M.-C. R./H. C. T.

42 Personnage
aux cheveux bouclés

Époque Tang
VIIIe siècle
Terre cuite blanche avec engobe et traces de polychromie
H. : 25 cm
Donation J. Polain. Ancienne collection de la Nelson-Atkins Kansas City Museum.
Musée national des Arts asiatiques-Guimet
(MA 6109)

Bibliographie
J. POLAIN, *Passion for Asia. A European Collection*, Louvain-la-Neuve-Paris, Duculot, 1992, n° 26.

1. *Cf.* J. BOISSELIER, « Notes sur une statuette funéraire Tang », *Artibus Asiae*, n° 1, vol. XXIV, 1961.

2. C. HENTZE, *Les Figurines de la céramique funéraire, matériaux pour l'étude des croyances et du folklore de la Chine ancienne, op. cit.*, 1928.

3. *Cf.* J. BOISSELIER, art. cit., 1961.

4. *Cf.* CHEN Wanli, *Taoyong*, Pékin, *op. cit.* 1957, pl. XLVIII.

En terre cuite blanche avec des traces de polychromie noire et rouge, le personnage présenté ici a une allure tout à fait différente de celle des types chinois, d'Asie centrale ou du Moyen-Orient, auxquels la statuaire funéraire nous a accoutumés. Reflet d'un autre monde, cet homme aux cheveux bouclés intrigue par l'originalité de sa physionomie. Faut-il voir un écho des relations de la Chine des Tang avec les régions du Sud-Est asiatique, l'expression d'une sorte de paroxysme de l'exotisme tel que les Tang se sont plu à l'exprimer dans les *mingqi* représentant des étrangers ?

Le personnage a un visage aux traits un peu lourds et sensuels, une bouche aux lèvres très ourlées. Les oreilles semblent allongées sous le poids de lourds pendants. Un vêtement descendant en drapé des épaules à la taille laisse le torse et les jambes largement découverts. Sur les cuisses et le bassin, ce drapé est disposé en larges plis et noué de façon à former un pan en poche, rabattu à l'avant. Il pourrait s'agir du *sampot,* type de vêtement en écharpe connu dans la sculpture du Champa et du Cambodge préangkorien [1].

En plusieurs endroits, la surface de la peau porte des traces de polychromie noire. D'autres exemples connus de figurines très proches ont gardé ce même procédé d'une couleur sombre couvrant les parties du corps non dissimulées par le vêtement. On a là manifestement la volonté de représenter un individu à la peau très foncée. Le vêtement et les bijoux – un collier de grosses perles, des bracelets aux poignets et aux chevilles – appartiennent vraisemblablement aux traditions du monde indianisé, peuples que les Chinois désignaient sous le terme générique de Kunlun. Un exemple iconographiquement très proche existe à Dunhuang (grotte 103). Il représente l'hommage de princes étrangers à un bodhisattva. Au premier plan, deux personnages à la peau foncée, parés de bijoux au cou, aux poignets et aux chevilles, relèvent de la même iconographie que cette statuette.

Ce *mingqi* a donné lieu à plusieurs interprétations. J. G. Mahler voit en lui un tambour appartenant aux Kunlun déjà cités, J. Boisselier un danseur du Champa, E. Schloss un danseur indien. Nous pencherions plutôt pour la thèse de C. Hentze [2], pour qui cette iconographie représente un lutteur. Certes, l'on peut considérer comme « étonnant qu'un lutteur restât paré de bijoux pour le combat, surtout lorsque ceux-ci comportent un collier encombrant et une ceinture de torse » et que « l'écharpe, élégamment drapée de la taille aux épaules [n'est] pas moins embarrassante [3] ». Cependant, plusieurs exemples dans lesquels on a affaire à l'évidence à des lutteurs et non pas à des danseurs permettent au moins de poser la question. On connaît en particulier deux personnages [4] qui, placés face à face, semblent s'affronter dans un combat. Cependant, il est évident que le geste tendu de la main droite s'inscrit parfaitement dans la tradition de la danse indienne. Serions-nous face à un comédien mimant une lutte, ce qui expliquerait l'attitude légèrement maniériste et dansante de cette œuvre ?

M.-C. R./H. C. T.

Palefrenier d'Asie centrale

Henan ou Shaanxi
Époque Tang
VIIIᵉ siècle
Terre cuite avec traces de polychromie
H. : 40 cm
Donation J. Polain
Musée national des Arts asiatiques-Guimet
(MA 6110)

Bibliographie
J. POLAIN, *Passion for Asia. A European Collection*, Louvain-la-Neuve-Paris, Duculot, 1992, n° 40.

1. *Cf.* pour les musées occidentaux, en particulier, des pièces similaires dans les collections du Musée municipal de Berlin, du Seattle Art Museum et du British Museum. On notera toutefois que notre figurine intervertit la position du personnage : c'est ici le bras gauche qui est levé, avec la jambe gauche avancée, à l'inverse des autres qui toutes lèvent le bras droit et avancent la jambe droite.

2. *Cf.* « Sui Tang diaosu » dans la collection *Zhongguo meishu guanji*, sculpture, vol. IV, Pékin, 1988, n° 165 ; *The Silk road, Treasures of Tang China, op. cit.,* 1991, p. 72.

Saisissant sur le vif un homme en mouvement, cette représentation d'un palefrenier au bras levé est significative d'une évolution dans la conception des statuettes funéraires. La fonction d'invocation, qui était celle des Han, est en net recul. C'est le désir de recréer l'atmosphère de la vie quotidienne avec maintenant le maximum de réalisme et de variété qui préside – à partir du VIIIᵉ siècle – à la création de nouveaux types de figurines. Ce valet semble tirer une longe non sans effort physique. C'est ainsi qu'une part non négligeable de la vérité d'un instant nous est restituée.

Le palefrenier ici présenté est traditionnellement identifié comme un Ouïgour de la région de Turfan en Asie centrale. La physionomie est nettement asiatique avec des pommettes hautes et un nez court. Mais le corps est traité de façon à marquer sans ambiguïté que l'on a affaire à un individu n'appartenant pas aux populations Han : le réalisme de la morphologie d'un homme trapu et musclé comme les détails soulignant l'effort sont cherchés par les coroplastes qui découvrent progressivement présence et réalité plastique des corps.

Des pièces exhumées à Xi'an et à Luoyang – très proches de celle proposée ici – sont présentées face à un cheval au harnachement somptueux, à l'antérieur gauche relevé, position qui le désigne comme animal de parade [1]. Il semble donc que cette catégorie de palefrenier soit en fait un dresseur devant participer à des fêtes où son cheval était présenté dans un numéro de spectacle. L'homme porte une chemise largement ouverte sur le torse. Un pantalon ample est protégé par une sorte de grande culotte, probablement en cuir, un vêtement porté par les cavaliers d'Europe centrale, hongrois en particulier. La position du personnage – jambes écartées pour trouver une bonne assise, pied droit se soulevant du sol, bras gauche relevé – rend bien la force et l'assurance de l'homme qui doit faire face à l'animal et l'observer, pour le conduire et le maîtriser. Il est manifestement en pleine action, venant de glisser les pans de sa chemise dans sa ceinture et de retrousser ses manches pour être libre de toute entrave avant d'entreprendre son travail avec l'animal.

M.-C. R./H. C. T.

Époque Tang
VIIIe siècle
Terre cuite avec polychromie
H. : 32 cm
Donation J. Polain
Musée national des Arts asiatiques-Guimet
(MA 6111)

Bibliographie

J. POLAIN, *Passion for Asia. A European Collection*, Louvain-la-Neuve-Paris, Duculot, 1992, n° 37.

1. Les chevaux à la crinière taillée avec des *sanhua* sont surtout exécutés en « trois couleurs » dont plusieurs exemplaires ont été exhumés aux alentours de Xi'an : l'un, de la tombe du prince Yide (vers 706), l'un de la tombe de Qibi Ming, deux de la tombe de Xianyu Tinghui (vers 723). *Cf.* LI Zhiyan, *Zhongguo Youtao yishu,* Hong Kong, 1989, n° 190, 196 et 198 ; *Trésors d'art de la Chine, op. cit.,* 1982, n° 81. Selon Sun Ji, le terme « cinq fleurs » indique plutôt le dessin formé par les poils se mettant en tourbillon lors de la course du cheval. *Cf.* son article « Tangdai de maju yu mashi », *Wenwu,* n° 10, 1981, p. 82.

Ce cheval est traité comme une masse s'inscrivant dans l'espace dont toute musculature structurante a été gommée. Le corps est lourd, la tête relativement petite. La base de l'encolure démesurément large se perd dans le poitrail et dans le dos, tandis que les jambes fines paraissent presque grêles. La position de l'animal – qui semble en appui sur ses jambes postérieures – accentue l'effet de masse de la partie antérieure. Ce traitement somme toute peu réaliste cantonne la monture dans une sorte de prétexte à la déclinaison d'un vocabulaire décoratif très riche et coloré. Sa robe est ainsi parsemée de grosses taches rouges, peut-être en référence à celle des premiers chevaux élevés dans les haras impériaux Han, à la robe truitée, et donc nommés parfois pour cela « chevaux suant le sang » (*cf.* n° 11). Ces grands aplats colorés en divers endroits – à l'encolure ou sur les cuisses et les jambes – sembleraient confirmer cette hypothèse. Second élément décoratif, essentiel pour le sens de la pièce, trois touffes sont découpées dans la crinière. Le chinois les désigne sous le terme de *sanhua* (trois fleurs). Elles correspondent à une mode en cours au VIIIe siècle. Le nombre de « fleurs » variait selon l'importance des personnages auxquels appartenaient les chevaux. Les pièces connues en comportent de une à trois mais l'on sait par des textes qu'elles pouvaient être jusqu'à cinq à orner la crinière taillée [1]. Ce motif crénelé connu au Ve siècle avant notre ère au sud de la Russie, en Iran ou en Asie centrale, disparaît sous les Han pour réapparaître sous les Tang comme signe de distinction du cheval et de son cavalier. Les « trois fleurs » sont d'abord réservées aux chevaux impériaux – les six chevaux de l'empereur Taizong (626-649) en sont pourvus (*cf.* fig. 4-9, p. 94-95) – puis la coutume s'élargit aux personnages de haut rang et devient très populaire au VIIIe siècle. Autre élément décoratif donnant son style à la statuette, le luxe de la selle et de ses tapis, dont l'un richement brodé de motifs de fleurs blanches.

Ce cheval n'est donc plus simplement le coursier céleste qui a permis au pouvoir chinois de vaincre les peuples nomades avec leurs propres armes, mais il est aussi devenu un emblème de richesse et d'élégance pour une société chevaleresque. En cela, il est parfaitement représentatif d'une démarche mêlant de façon caractéristique d'anciens éléments naturalistes à des exagérations morphologiques ou décoratives. Cela débouche sur une œuvre au réalisme quelque peu « improbable », traitée à la fois comme image et comme support de référents décoratifs précis. L'artiste quitte alors pleinement le domaine du rituel funéraire pour créer un objet de style, contribuant par là à inventer le style Tang.

M.-C. R./ H. C. T.

Paire de chevaux blancs sellés

Époque Tang
VIIIe siècle
Terre cuite à engobe blanc
H. : 56 cm
Donation J. Polain
Musée national des Arts asiatiques-Guimet
(MA 6112, MA 6113)

Bibliographie
J. POLAIN, *Passion for Asia. A European Collection*, Louvain-la-Neuve-Paris, Duculot, 1992, n° 40.

1. La pâte blanche des deux pièces rappelle celle qu'utilisaient les ateliers de Gongxian au Henan où étaient fabriqués les grès blancs utilisant le kaolin du nord de la Chine, mais aussi les « trois couleurs » et les moules de toutes ces pièces. On sait que chaque atelier était spécialisé dans ses productions – statuettes funéraires, jouets ou objets de la vie quotidienne.

2. *Cf. Tomb Treasures from China : the Buried Art of Ancient Xi'an, op. cit.*, 1994, n° 46 ; *Kaogu*, n° 3, 1978, pl. XI-3.

Les empereurs de la dynastie Tang continueront, dans la tradition héritée des Han, d'importer des chevaux de race. Si la plupart servent à assurer la défense du pays, un certain nombre sont destinés à la parade lors de fêtes données à la Cour. On sait en particulier que l'empereur Xuanzong (712-756) avait un haras de quatre cents chevaux exercés à danser en musique. Un groupe était plus particulièrement entraîné pour le banquet de célébration de la journée d'anniversaire du souverain, le cinquième jour du neuvième mois de chaque année. Une gourde en argent provenant du site de Hejiacun, près de Xi'an, représente l'un de ces chevaux, assis, tenant dans sa bouche une coupe qu'il avait appris à boire pour le divertissement des invités (*cf.* fig. 1, p. 16).

C'est à ce type d'animal qu'appartient la paire de chevaux présentée ici. La jambe antérieure droite est levée dans l'attitude classique du cheval dansant. La tête légèrement tournée vers la gauche a le regard dirigé vers un probable dresseur que l'on peut imaginer à l'image du palefrenier n° 43. Les deux pièces portent, dans leur allure générale, la marque d'une volonté de réalisme. Cependant, la recherche de précision dans le rendu de la physionomie ne va pas sans une certaine raideur liée aux contraintes techniques d'une fabrication en grand nombre. De telles représentations étaient en effet produites à partir de moules qui devaient permettre de répondre à la demande d'une clientèle importante et aux exigences d'un rituel précis fixant les normes de dimension et de position [1]. Un assemblage des diverses parties fabriquées en série explique donc une forme générale un peu stéréotypée. Toutefois, le souci du détail va jusqu'au creusement à la gouge, le long de l'encolure, d'une rainure devant permettre de fixer une crinière, de la même manière qu'un trou permet de fixer une queue. Par ailleurs, la selle posée sur chaque animal est amovible. Une pièce comparable semble annoncer ces séries de figurines de chevaux dansants. Elle a été exhumée de la tombe de Zhang Shigui (mort en 657), dans l'enceinte du mausolée Zhaoling de l'empereur Taizong, près de Xi'an [2]. La crinière ondulée descendant somptueusement jusqu'au garrot et la queue courte et nouée montrent que c'est par l'attention portée à de tels détails que la variété sera introduite dans la production de ce type d'œuvres.

M.-C. R./H. C. T.

47 Cavalier à l'oiseau

Époque Tang
Seconde moitié du VIIe siècle
Terre cuite avec polychromie
H. : 39 cm
Donation J. Polain
Musée national des Arts asiatiques-Guimet
(MA 6114)

Bibliographie
J. POLAIN, *Passion for Asia. A European Collection*, Louvain-la-Neuve-Paris, Duculot, 1992, n° 28.

1. La série la plus connue de chasseurs à cheval, provenant de la tombe du prince Yide (vers 706) à Qianxian (Shaanxi), a été exécutée en « trois couleurs ». *Cf. Wenwu*, n° 7, 1972 ; et *Trésors d'art de la Chine, op. cit.*, 1982, n° 72, p. 247 et fig. 173, p. 250. Cependant, le style de notre cheval se rapproche plutôt de celui des pièces exhumées – dans l'enceinte du mausolée Zhaoling de l'empereur Taizong – des tombes de Zhang Shigui, mort en 657 (*cf. Kaogu*, n° 3, 1978) et de Zheng Rentai, mort en 664 (*cf. Wenwu*, n° 7, 1972).

À l'époque des dynasties du Nord et du Sud (V[e]-VIe siècle) et jusqu'au début des Tang, le mode de déplacement des membres de l'aristocratie est par excellence le chariot tracté par des bœufs. Parallèlement, avec l'amélioration des éléments de monte, tels que le double étrier et la selle, sous l'influence des divers peuples nomades venus de la steppe, le cheval devient progressivement la monture de la vie quotidienne. Puis, sous les Tang, une aristocratie oisive use du cheval pour pratiquer ses nouvelles activités de chasse et de jeux d'adresse, comme la fauconnerie ou le polo. Cela s'accompagne d'une évolution vers la simplification du vêtement. Celui-ci s'allège et s'adapte aux exigences de la monte à cheval. De tous ces éléments, les statuettes Tang portent témoignage, ce qui fait la grâce de sujets familiers et pleins du charme des moments de la vie saisis sur le vif. C'est précisément le cas pour ce cavalier tenant un oiseau posé sur son poing levé : coiffé d'un *putou*, habillé d'un vêtement probablement cousu d'une seule pièce, chaussé de bottes courtes, il semble déambuler tranquillement dans la campagne chinoise, sans doute en compagnie d'autres cavaliers de même rang, rappelant probablement que la chasse fut l'une des activités favorites du défunt [1].

Le sujet est traité de manière quelque peu simplifiée, par des lignes adoucies, avec des détails schématiques, d'une facture presque enfantine. Ainsi des boucles de la crinière ou de la rondeur de l'animal comme de celle du cavalier. Le harnachement lui-même est évoqué par quelques éléments essentiels – des sangles auxquelles pendent des pompons décoratifs, un tapis de selle au décor sommaire. Par ailleurs, le regard de la monture est étonnant, faisant penser à l'expression attachée aux animaux servant de jouets auxquels l'homme s'est toujours complu à donner une connotation humaine… Tous ces éléments concourent à former une œuvre touchante par sa simplicité bon enfant.

M.-C. R./H. C. T.

Cheval bondissant

Époque Tang
VIIIe siècle
Terre cuite polychrome
H. : 28 cm
Donation J. Polain
Musée national des Arts asiatiques-Guimet
(MA 6115)

Bibliographie

William F. EDGERTON, « Two notes on the Flying gallop », *Journal of the American Oriental Society*, vol. LVI, 1936, p. 179-188. John C. FERGUSSON, « The Six Horses of T'ang T'ai Tsung », *Journal of Northern China Branch*, 1936, p. 2-9. R. W. KROLL, « The Dancing Horses of T'ang », *T'oung Pao*, vol. LXVII, 1981, p. 241-261. J. POLAIN, *Passion for Asia. A European Collection*, Louvain-la-Neuve-Paris, Duculot, 1992, n° 31.

1. Coupe en or de Ras Shamra, environ XVe siècle avant notre ère et reliefs des murs du palais d'Assurbanipal à Ninive, VIIe siècle avant notre ère.

2. En Chine, le galop volant apparaît vers le Ve siècle avant notre ère sur des bronzes incrustés (bassin de la Freer Gallery of Art, Washington, vase *hu*, AA73 du musée Guimet).

3. Voir cependant l'avis contraire de W. F. Edgerton, mais l'argumentation n'est pas très convaincante.

4. Ce poème a été rédigé antérieurement aux performances liées par décret à l'anniversaire de l'empereur Xuanzong (713-755) et atteste bien de l'exceptionnelle séduction qu'exerçaient ces animaux depuis la fameuse quête de Shi huangdi (221-210 av. notre ère) ; *cf.* R. W. KROLL, art. cit., 1981, p. 258-261.

5. Les six chevaux de l'empereur qui avaient un prénom furent sur son ordre immortalisés par des bas-reliefs exécutés d'après les dessins du fameux Yan Liben en 636-637. Placés auprès du mausolée de l'empereur après sa mort, nous n'en connaissons plus que des copies, qui ont été exécutées en 973, en remplacement des originaux endommagés ; *cf.* J. C. FERGUSSON, art. cit., 1936, p. 2-9.

Le « galop volant » est une expression qui caractérise la séquence au cours de laquelle l'animal, porté par son élan, ne touche plus le sol. Les membres antérieurs et postérieurs sont parallèles et se projettent respectivement en avant et en arrière, allant parfois jusqu'à ne plus former qu'une ligne horizontale, parallèle à l'axe du corps. Née au milieu du Ier millénaire avant notre ère en Crète, Égypte et Phénicie [1], cette attitude a une telle puissance évocatrice qu'elle a eu tôt fait par transmission ou création autonome de s'inscrire au répertoire iconographique de tous les peuples qui associent dans une même relation magique et symbolique le chasseur, sa monture et les animaux chassés [2]. Inutile de préciser cependant qu'elle n'a rien de naturel, du moins en ce qui concerne le cheval [3] chez qui on ne peut observer quelque chose d'approchant que lors d'un exercice d'école ou d'un saut d'obstacle, à l'instant où l'animal effectue une ruade arrière juste avant de se recevoir au sol.

C'est peut-être l'une de ces figures d'école, ou du moins son équivalent à l'époque, qu'exécute le cheval bondissant présenté ici, sans doute un poney (petite taille et longue crinière flottante). Dans un long poème en effet, Xue Yao, écrivain de la fin du VIIe siècle, décrit les bêtes splendides qui dansent au son d'une musique composée pour eux, « [...] vifs comme la flèche [...] suspendus dans les airs [...] qui peuplent les nuages et s'élèvent vers le ciel [4] [...] ». Une polychromie disparue en partie ne dépare pas cette exceptionnelle figurine en plein mouvement, sellée mais sans cavalier et que l'on rapprochera – même si ses origines sont moins prestigieuses – des six héroïques coursiers militaires de l'empereur Taizong [5] (626-649).

Elle est aussi une de ces subtiles réussites plastiques de l'époque Tang qui savait, en combinant divers aspects du réel, insuffler vie pleine et frémissante à un pur concept, celui du cheval céleste, né du dragon, chevauchant les nuages.

C. D.

Époque Tang
Milieu du VIIIe siècle
Terre cuite rouge, engobe clair et polychromie
H. : 35 cm
Donation J. Polain
Musée national des Arts asiatiques-Guimet
(MA 6116)

Bibliographie
Virginia L. BOWER, « Polo in Tang China : Sport and Art », *Asian Art*, vol. IV, n° 1, hiver 1991, p. 23-45. James T.C. LIU, « Polo and cultural Change : From T'ang to Sung China », *Harvard Journal of Asiatic Studies*, n° 1, vol. XLV, juin 1985, p. 203-224. J. POLAIN, *Passion for Asia. A European Collection*, Louvain-la-Neuve-Paris, Duculot, 1992, n° 32.

1. R. GHIRSHMANN, *Parthes et Sassanides*, Paris, Gallimard, 1962, p. 121, 361.

2. G. SOURDEL, *Civilisation de l'Islam classique*, Paris, 1968, p. 396 et fig. 141 : céramique de Nichapur, Xe siècle, Hambourg, Museum für Kunst und Gewerbe. Origine tibétaine sérieusement argumentée par un auteur chinois ; *cf.* Jane FONTEIN, WU Tung, *op. cit.*, 1976, p. 101, note 4.

3. J. T.C. LIU, art. cit., p. 207 et note 12.

4. Jane FONTEIN, WU Tung, *op. cit.*, pl. XV et p. 100-103. Cette peinture découverte en 1971 (*Wenwu*, n° 7, 1972, et n° 12, 1973) est à ce jour unique.

5. L'impératrice Wu Zetian qui, en dépit des atrocités auxquelles elle se livra, fut néanmoins un excellent politique et Yang Guifei (720-756), qui fut première dame de l'empire et dont le tragique destin a fait d'elle une légende.

6. V. L. BOWER, art. cit., 1991, p. 27.

7. Par exemple les deux joueurs de Londres, collection privée, reproduits dans M. PRODAN, *The Art of the Tang Potter*, Londres, 1960, pl. LXXI.

8. Suggestion de bon sens qui m'a été aimablement soufflée par M. Guillemin, maître de polo au Polo de Paris.

La date ni le lieu précis de l'origine du jeu de polo ne sont encore aujourd'hui déterminés avec certitude. Si, d'après R. Ghirshmann [1], ce sport faisait partie des divertissements de la Cour sassanide et était également pratiqué sur les frontières de l'Inde, la documentation iconographique fait cruellement défaut et seuls des textes ou des images postérieures en font état hors de la Chine [2].

Ce qui est clair en revanche, c'est que la soudaine invasion de ce thème et son entière nouveauté en Chine au début de la dynastie des Tang prouve qu'il s'agit d'un apport extérieur. Adopté comme bien d'autres produits « exotiques », le polo séduisit d'emblée la Cour. L'empereur Taizong (627-649), qui y voyait un excellent exercice d'entraînement à l'équitation, avait enjoint à ses pairs de bien vouloir s'y adonner [3]. Un peu plus tard, Xuanzong (712-755), par un décret (747), souhaitera voir le polo se répandre sur l'ensemble de son territoire.

Les premières images de ce jeu nous viennent de la tombe de Li Xian [4], un des fils de l'impératrice Wu Zetian (684-705). Condamné au suicide, il fut réinhumé et réhabilité en 706 par l'empereur Zhongzong (705-710).

Le match est peint sur le mur est du corridor d'entrée. Sur un terrain non aménagé, cinq joueurs s'activent tandis que d'autres, immobiles, semblent attendre leur tour. Ici, tous les joueurs sont des hommes. Il n'y a cependant pas d'exclusive masculine et, en dépit de la rudesse de ce sport, les femmes elles aussi se sont passionnées pour ce jeu. Il est vrai qu'une longue cohabitation avec les conquérants barbares de la Chine du Nord, les Xianbei notamment (386-581), avait peu à peu (et surtout par le biais matrimonial) transmis à la Chine un mode de vie où la femme avait un statut non négligeable. Cette liberté des mœurs qui mit au premier plan politique deux femmes étonnantes [5] ne pouvait manquer de s'exprimer aussi dans d'autres domaines. Ainsi du jeu de polo où l'endurance et l'agilité de la gent féminine faisaient merveille au point de provoquer l'admiration des poètes [6].

Vêtues à l'occidentale (tunique à col croisé, pantalon et bottes), montées à califourchon sur de solides coursiers lancés au galop, elles nous apparaissent dans les diverses attitudes que leur impose le jeu. La volumineuse ceinture que porte notre joueuse surprend mais est présente sur d'autres figurines [7]. Si elle n'est pas tout simplement la reproduction d'un détail vestimentaire que l'on retrouve souvent chez les figurines représentant des personnages originaires d'Iran du Nord, on pourrait éventuellement songer à une marque servant à distinguer les équipes [8].

C.D.

50 Joueuse de polo

Époque Tang
Milieu du VIIIe siècle
Terre cuite rouge, engobe clair et polychromie
H. : 31 cm
Donation J. Polain
Musée national des Arts asiatiques-Guimet
(MA 6117)

Bibliographie
J. POLAIN, *Passion for Asia. A European Collection*, Louvain-la-Neuve-Paris, Duculot, 1992, n° 36.

1. Le feutre était le matériau le plus courant pour les bottes ; la peau de daim et le brocart, chanté par les poètes, étaient plus sophistiqués ; E. H. SCHAFER, *The Golden Peaches of Samarkand, op. cit.*,1985, p. 106, 200, 212.

2. Des tombes d'Astana, région de Turfan, dont une datée de 744, ont livré des cavaliers encore munis de leur maillets (V. L. BOWER, art. cit., 1991, p. 39, fig. 6).

3. Les nombreux exemplaires en *sancai* de chevaux harnachés de la sorte permettent par comparaison de pallier les faiblesses de la peinture.

4. *Wenwu*, n° 7, 1972, p. 33-34, pl. X, XI et fig. 20-23.

5. Motif peint : S. A. STEIN, *Innermost Asia : Detailed report of explorations in Central Asia, Kansu and Eastern Iran*, Oxford, 1928, vol. I, p. 652-691 ; vol. II, pl. XCIV, XCIII, C. Motif apparaissant sur les tissus : *5000 ans d'art chinois, peinture, 15, les fresques de Dunhuang 2, op. cit.*, grotte 321, détail, fig. 38. R. WHITFIELD, *The Art of Central Asia, The Stein Collection in the British Museum I, Paintings from Dunhuang I*, Kodansha International, 1982, pl. VII-1 et p. 297-302.

6. E. H. SCHAFER, *op. cit.*, 1985, p. 200.

La jeune femme, dont les cheveux remontés et serrés au-dessus du crâne s'épanouissent en deux coques en forme de petits pains, porte un pantalon rouge, une tunique vert pâle à col croisé et des bottes noires, sans doute en feutre, ornées en leur partie supérieure d'un motif rouge, peut-être une broderie [1].

Cette adoption par les femmes du costume des Barbares de l'Ouest trouvait dans le cas du polo, au-delà du phénomène de mode, une justification liée aux nécessités d'un jeu pratiqué à cheval et exigeant une grande liberté de mouvement. Toute frêle sur sa monture, c'est pourtant d'un air décidé et un peu mutin qu'elle s'apprête à cueillir la balle au creux de son maillet. Ce dernier, comme les rênes – deux éléments amovibles de l'ensemble – ont disparu [2]. En revanche, les brides et les autres pièces du harnais apparaissent encore, peintes sur le corps de l'animal. Des bandes de cuir régulièrement ornées de motifs inscrits dans un carré dessinent têtière, frontal, montants, muserolle et sous-gorge, tandis que poitrail et croupière portent des pendeloques en forme de palmettes [3].

Ce type de harnachement, librement inspiré de celui des grands rois de Perse (Parthes puis Sassanides) s'accorde parfaitement à la situation financière de ceux qui disposaient de ressources suffisantes pour se procurer, entretenir et renouveler une écurie dont l'entraînement, en outre, se devait d'être intensif et régulier. Pour plus de commodité, la crinière a été taillée et la queue coupée, nouée, enserrée dans un double lien noué au-dessus du culeron.

La selle repose sur une étoffe richement ornée. Gansé d'une bordure à motifs de demi-fleurs alternées, le tapis en large ovale offre une surface plus claire où courent des nuages. Le choix d'un tel motif joliment approprié au galop volant est déjà présent sur les selles des cavalières et le bât d'un des chameaux de la tombe du général Zheng Rentai, inhumé en 664 à Liquan [4] (Shaanxi). Le dessin de ce motif est vraisemblablement une simplification et sinisation ancienne de la palmette hellénistique. Il est, dans cet aspect, caractéristique de la fin du VIIe et du début du VIIIe siècle de notre ère [5]. Quant au matériau, il ne peut s'agir que de ce feutre brodé de grande qualité, largement importé à l'époque Tang et dont certains étaient assez somptueux pour faire l'objet d'un cadeau impérial [6].

C. D.

51 Joueuse de polo

Époque Tang
Milieu du VIIIᵉ siècle
Terre cuite rouge, engobe clair et polychromie
H. : 31 cm
Donation J. Polain
Musée national des Arts asiatiques-Guimet
(MA 6118)

Bibliographie

J. POLAIN, *Passion for Asia. A European Collection*, Louvain-la-Neuve-Paris, Duculot, 1992, n° 32 *bis*.

1. E. H. SCHAFER, *op. cit.*, 1985, p. 61 *sqq.*

2. E. H. EDWARDS, *Eye Witness Handbook*, Londres, Dorling Kindersley Limited, 1993, p. 14-15, 176-177.

3. L'asymétrie des couleurs dans le haut du vêtement n'est pas tout à fait orthodoxe. Les restitutions, le plus souvent de simples rehauts destinés à rendre un peu plus visible un décor très usé, ne portent pas à conséquence et, dans ce cas, la gêne visuelle vient probablement d'une mauvaise interprétation du rapport originel entre le vêtement de dessous et la tunique (ce dont atteste la partie plus claire de l'avant-bras droit).

Cette figurine, très proche de la précédente, monte un cheval manifestement sorti du même atelier et qui ne varie que par les détails du harnais et du tapis de selle.

Queue coupée et nouée, crinière taillée, toupet frontal séparé en deux mèches repoussées vers l'arrière par le vent de la course, c'est le même tarpan de Mongolie, bien charpenté, à tête élégante, ganache marquée et petites oreilles pointues, qui alimentait en permanence les haras chinois [1]. C'est un poney issu du tarpan *(Equus prsewalskii gmelini)* qui lui a donné la robustesse et la vitesse mais a sans doute reçu du sang arabe. L'akhal-téké – dont on connaît mal les origines précises mais dont on sait qu'il fréquentait déjà au début de notre ère les oasis du Karakorum [2] – pourrait bien avoir été un des agents de l'amélioration morphologique de la race (*cf.* fig. 2 p. 14).

Le harnais semble moins riche que ceux des numéros 49 et 50 mais il n'est pas exclu que la polychromie déficiente ne soit pour quelque chose dans cette impression. En revanche, la figuration de points d'attache noués au montant et au poitrail permet d'imaginer que le harnachement de cet animal comportait plus de tissu que de cuir. Le tapis de selle reproduit un motif très fréquent et banal à cette époque, la peau de félin, tigre ou panthère, soit réelle, soit imitée.

La jeune femme à petit chignon rond ramené sur le haut du crâne est vêtue comme ses consœurs à la mode barbare [3]. Sans doute vient-elle d'effectuer quelques moulinets bien sentis de son maillet afin d'envoyer la balle au but avec encore plus d'efficacité.

Ce thème du jeu de polo est l'un de ceux qui ont permis de façon privilégiée aux coroplastes d'exprimer le temps en mouvement. Et, dans ce cas précis, je crois pouvoir affirmer – même si d'autres figures sont représentées dans des attitudes bien plus acrobatiques – (*cf.* joueuse de polo n° 53) que l'ampleur naturelle et forte du bras s'allie avec une telle pertinence au mouvement du corps tout entier que l'on a véritablement affaire à un rare moment de cette sculpture funéraire, pourtant produite en série.

C. D.

52   Joueur de polo

Époque Tang
Milieu du VIIIe siècle
Terre rouge, engobe clair, traces de polychromie
H. : 36 cm
Donation J. Polain
Musée national des Arts asiatiques-Guimet
(MA 6119)

Bibliographie
Virginia L. BOWER, « Polo in Tang China : Sport and Art », *Asian Art*, vol. IV, hiver 1991, p. 23-45. J. POLAIN, *Passion for Asia. A European Collection*, Louvain-la-Neuve-Paris, Duculot, 1992, n° 33.

1. *Cf.* n° 50, note 2 et V. L. BOWER, art. cit., 1991, p. 29-31.

2. Détail qui apparaît également en peinture : tombe du prince impérial Zhanghuai ; *cf. The Silk Road, Treasures of Tang China, op. cit.*, 1991, p. 69.

3. ZHOU Xun et GAO Chunming, *op. cit.*, 1985, p. 93.

4. Voir le n° 53 de cette exposition, les figurines MA 4722 et 4723 du musée Guimet ou encore les deux femmes à l'oiseau dans : *Foreigners in Ancient Chinese Art*, The Chinese Institute of America, cat. exp., New York, 1969, n° 39.

5. CHEN Wanli, *Tao yong* (Statuettes en terre cuite), Pékin, Zhongguo gudian yishu chubanshe, 1957, fig. 54.

Le cavalier tient les rênes en main gauche et le maillet, haut levé, en main droite. C'est une des attitudes les plus fréquemment représentées que nous restituent notamment les joueurs de polo d'Astana, une de celles aussi que l'on retrouve sur les peintures plus tardives, persanes et japonaises [1]. En fait, en dehors des moments où le cavalier est sur le point de toucher la balle, c'est dans cette position caractéristique qu'il suit le train de la partie, prêt à toute éventualité.

Le *hufu* à col rabattu, larges épaulettes et manches serrées, se portait sur un pantalon. D'après les nombreuses figurines habillées de la sorte, il semble que dans ce cas l'on mettait plutôt de simples chaussures que des bottes [2]. La coiffure de feutre uni ou brodé, à pan frontal et oreillettes relevées, est faite, dit-on, à l'image d'un oiseau prêt à prendre son vol et le vocabulaire chinois parle à son sujet de *huntuo mao*, « chapeau tartare [3] ». Il s'agit en fait du couvre-chef des Sogdiens qui vivaient dans la région de Samarcande, l'actuelle Boukhara, et qui avaient la réputation d'être d'excellents cavaliers.

Mais, pour autant, la figurine n° 52 est-elle celle d'un cavalier ? Le *hufu*, en effet, devint très populaire sous le règne de l'empereur Xuanzong (712-756) et nombreuses furent les femmes qui l'adoptèrent (ZHOU Xun et GAO Chunming, *op. cit.*, 1985, p. 77). Cavalières et dames de la Cour portant un oiseau sur le bras – sans doute un faucon de chasse – complétaient volontiers leur tenue par cette coiffure ou bien celle du « cygne effarouché [4] ».

Deux figurines très proches, publiées dans un ouvrage chinois de 1957 [5], ont plutôt un aspect féminin. Aussi, par comparaison, on peut penser dans ce cas que l'on a plutôt affaire à un cavalier, peut-être même à un cavalier sogdien dans la mesure où le cheval à sabots foncés et crinière non taillée semble s'apparenter au poney bashkir des steppes russes.

C. D.

53 Joueuse de polo

Époque Tang
Début du VIIIe siècle
Terre rouge, engobe clair
H. : 26 cm
Donation J. Polain
Musée national des Arts asiatiques-Guimet
(MA 6120)

Bibliographie

James T.C. LIU, « Polo and Cultural change, From T'ang to Sung China », *Harvard Journal of Asiatic Studies*, 45, n° 1 (juin 1985), p. 203-224. J. POLAIN, *Passion for Asia. A European Collection*, Louvain-la-Neuve-Paris, Duculot, 1992, n° 34.

1. J. T. C. LIU, art. cit., 1985, p. 204, 206-207, 213.

2. *Ibid.*, p. 207.

3. *Ibid.*

4. Musée Tsui, Hong Kong ; Mary Atkins Museum of Fine Arts, Kansas City, Missouri ; British Museum, Londres ; musée Rietberg, Zurich, etc.

5. *Trésors d'art de la Chine, op. cit.*, 1982, p. 261 ; E. H. SCHAFER, *op. cit.*, 1985, p. 69.

6. Les six coursiers militaires de l'empereur Taizong étaient de cette souche « occidentale ».

7. E. H. SCHAFER, *op. cit.*, 1985, p. 66, 69. Par un édit de 667, la monte avait été interdite aux artisans et commerçants.

L'enjeu d'une partie de polo consistait à envoyer une balle de bois ou de cuir, grosse comme le poing et peinte en rouge, à l'intérieur d'un but large d'environ quarante centimètres, matérialisé par deux hauts piquets de bois et fermé en arrière par un filet de retenue [1]. Les dimensions du terrain ne sont pas spécifiées dans les textes mais, dans la mesure où pour l'époque Tang le seul document qui mentionne un aménagement spécifique date de 831 [2], il est vraisemblable que, tout comme les règles du match, ces détails ont fluctué avec le temps et la mode.

L'expression *jiqiu,* utilisée pour désigner le polo, comporte, outre le sens de frapper sur une balle, celui de se pencher sur un objet. Et c'est bien là ce qu'illustre la figurine n° 53 laissant deviner l'omniprésente menace de la chute en pleine course et galvanisant par la même occasion l'excellence du cavalier.

L'anecdote qui raconte comment l'empereur Zhongzong (710-711) et sa suite se gaussèrent des maladroits incapables de se tenir en selle est à cet égard très significative [3]. Le corps en extension maximale, le cheval n° 53 est le plus dynamique des six coursiers de polo de cette exposition. Il appartient à une lignée bien attestée au sein de laquelle tous les chevaux ont une morphologie analogue [4]. De plus, la monture du musée Rietberg a non seulement la crinière taillée à l'identique mais ornée des « trois fleurs » *sanhua*, mode ancienne qui réapparaît vers 700 et semble indiquer une provenance iranienne ou de Russie méridionale [5]. Or, ces chevaux qui constituaient le fleuron des haras impériaux étaient parfois enlevés à leur habituel destin militaire [6] pour servir à un jeu qui ne concernait que l'empereur et l'aristocratie [7].

Aussi, même si l'on doit attribuer au coroplaste la monumentalité qui se dégage de la sculpture, on peut également penser que cette autre race de cheval – moins maniable mais plus élégante que celle des habituels tarpans – a pu y contribuer.

C. D.

54 Joueuse de polo

Époque Tang
Milieu du VIIIe siècle
Terre cuite rouge, engobe clair (traces) et polychromie
H. : 32 cm
Donation J. Polain
Musée national des Arts asiatiques-Guimet
(MA 6121)

Bibliographie
Chauncey S. GOODRICH, « Riding astride and the saddle in Ancient China »,
Harvard Journal of Asiatic Studies, vol. XLIV, 1984, n° 2, p. 279-306. YANG Hong,
« The Development and External Influence of Ancient Chinese Horse's Harness »,
Wenwu, n° 9, 1984, p. 45-55. J. POLAIN, *Passion for Asia. A European Collection*,
Louvain-la-Neuve-Paris, Duculot, 1992, n° 35.

1. Elle est aussi présente sur les miroirs de bronze, peu nombreux, où figurent quatre joueurs groupés deux à deux autour d'une balle. *Cf.* en particulier le miroir du musée provincial du Jiangsu : *Zhongguo meishu quanji, Sculpture 4, Sui et Tang, op. cit.*, 1988, p. 27.

2. E. H. SCHAFER, *op. cit.*, 1985, p. 63, 296.

3. L'absence de couleurs peut faire penser à un éventuel rehaut des contours.

4. S. A. STEIN, *op. cit.*, 1928, vol. II, pl. XCV et chap. XIX, p. 652.

5. Sur les peintures et terres cuites ayant conservé leur polychromie.

6. Selle : C. S. GOODRICH, *op. cit.*, 1984, p. 295-300. Étrier unique dans une tombe datée de 302 : *Kaogu Xuebao*, 1959, p. 76 et pl. XI-XII ; étrier double dans une tombe datée de 415 : *Wenwu*, n° 3, 1973, fig. 13, p. 9, 15.

Cette autre attitude que l'on trouve également représentée avec une certaine fréquence [1] est la même que celle du cavalier sogdien (n° 52). Simplement, elle est rendue avec plus d'ampleur.

Chignon relevé en double coque, pommettes fardées, tunique, pantalon et bottes, la fluette personne monte un animal pommelé dont le harnachement était sans doute orné de pendeloques à plumets rouges. La robe pommelée, un camouflage naturel, fait songer aux cadeaux diplomatiques des Qidan de Mandchourie qui, à plusieurs reprises aux VIIe et VIIIe siècles, envoyèrent de petits chevaux rapides, excellents coursiers en forêt dense [2] et donc naturellement exercés à des parcours rapides et semés d'embûches imprévues.

Le tapis de selle, au riche décor [3], à motif circulaire floral et palmettes, est très proche de certains fragments de soie retrouvés dans la région de Turfan. Cependant, à l'instar du tapis de selle élaboré de la figurine de cheval d'Astana [4], il s'agit sans doute, comme dans le cas du numéro 50, d'un feutre brodé.

Les rubans qui s'envolent depuis le troussequin de la selle sont l'une des parures obligées du harnachement de l'époque Tang [5]. Mais ces rubans que l'on voit déjà aux montures des Parthes ne semblent attestés dans l'orbite chinoise qu'au tout début de la dynastie.

La selle à double arçon, avec pommeau et troussequin, comme les étriers doubles, venus du monde nomade, ne sont pas non plus devenus usuels très rapidement. Véritable selle au début du IVe siècle, étrier unique [6] au IVe puis double à partir du Ve, ces éléments conjoints, indispensables à la bonne assiette du cavalier, sont encore assez neufs lorsque s'ouvre la dynastie des Tang. Aussi l'enthousiasme avec lequel fut adopté le polo va peut-être de pair, entre autres raisons, avec cette maîtrise somme toute récemment gagnée sur un animal particulièrement apprécié.

C. D.

55 Couple de danseuses

Époque Tang
Milieu du VIIe siècle
Terre blanche et glaçure plombifère ambrée
H. : 17 cm
Donation J. Polain
Musée national des Arts asiatiques-Guimet
(MA 6122)

Bibliographie
Margaret MEDLEY, *T'ang Pottery & Porcelain*, Londres, Faber and Faber, 1981, p. 15-51.
J. POLAIN, *Passion for Asia. A European Collection*, Louvain-la-Neuve-Paris, Duculot,
1992, n° 20. Edward H. SCHAFER, *The Golden Peaches of Samarkand*, Berkeley,
University of California Press, 1985, p. 50-57.

1. Les danses qui figurent à Dunhuang dans les peintures du *Paradis d'Amida* sont une illustration de celles que l'on exécutait devant les temples à des fins prosélytes et éducatives.

2. On peut énumérer diverses flûtes, des orgues à bouche, des *pipa* à quatre ou cinq cordes, des harpes, cithares, tambours divers, claquoirs et petites cymbales.

3. E. H. SCHAFER, *op. cit.*, 1985, p. 50, 57 ; JAO Tsong-Yi, P. DEMIÉVILLE, *Airs de Touen-Houang, Textes à chanter des VIIIe-Xe siècles*, Mission Paul Pelliot II, Paris, CNRS, 1971, p. 25-52, 97-132.

4. S'opposant à la vivacité des danses *jian* et aux tourbillons acrobatiques de la danse occidentale dite *huxuan*.

5. Emprunté à la mode vestimentaire de Kucha depuis les Sui ; *cf.* J.G. MAHLER, *op. cit.*, 1959, p. 107.

6. *Ibid.*, pl. VII et VII*a* ; CHEN Wanli, *Taoyong* (Statuettes en terre cuite), Pékin, Zhongguo gudian yishu chubanshe, 1957, fig. 32.

7. Et fut remplacée au début de l'époque Tang par une application d'engobe blanc sous la glaçure ; M. MEDLEY, *op. cit.*, 1981, p. 22.

8. ZHANG Hongxiu, *Highlights of the Tang Dynasty Tomb Frescoes*, Shaanxi People's Fine Arts Publishing House, 1991, p. 52-53.

Danse et musique ont connu à l'époque Tang un essor exceptionnel. Ce phénomène a plusieurs fondements. Bien sûr, la prospérité nouvellement reconquise de l'empire qui incite aux loisirs et divertissements est essentielle. Mais ces arts qui exaltent la beauté et que l'on vit aussi bien sur le mode sensuel que mystique [1] ont toujours fait partie intégrante de la culture chinoise. Rien de surprenant donc à ce que Chang'an, à travers les contacts forcés ou provoqués avec d'autres peuples, soit devenu la capitale de toutes les musiques.

Les danses suivaient une mélodie jouée par un orchestre composé d'instruments à vent, cordes et percussions, certains traditionnels, d'autres plus récemment introduits en Chine [2].

Une chanson particulière accompagnait souvent la musique. Plusieurs de ces danses et mélodies nous sont connues grâce aux poètes et aux annales historiques de la dynastie [3] mais il est rare de pouvoir faire précisément coïncider l'une d'entre elles avec les images plastiques qui en sont données. Cependant, il est clair qu'elles appartenaient en majorité au style *ruan* [4] qui séduisait par sa magie langoureuse.

Longue robe à plis, petit boléro moulant à longues manches doublées à la saignée du bras par un pan d'étoffe à découpe en forme d'aile, tous les détails du costume [5] contribuaient à donner à la danseuse, dont le double chignon était orné d'anneaux en ailes de papillon, l'aspect d'un oiseau, être gracieux par excellence.

Exécutant la même danse, vêtues et coiffées de la même façon, de nombreuses figurines ont été réalisées sur un modèle parfaitement identique à celui des deux danseuses présentées ici [6]. À cela près cependant que toutes sont polychromes tandis que celles-ci ont reçu une fine couverte couleur paille. Or cette technique appartient à la fin de l'époque Sui [7]. Néanmoins, les remarquables qualités expressives de ces statuettes, la forme des visages, le costume et les coiffures les font – il me semble – contemporaines des deux danseuses figurées au mur est de la chambre funéraire de Li Ji, mort en 669 et qui avait dix-sept ans à l'avènement des Tang [8].

C. D.

56 Couple de musiciennes

Époque Tang
Première moitié du VIIᵉ siècle
Terre cuite à glaçures vertes et marron
H. : 17 cm
Collection M. Calmann
Musée national des Arts asiatiques-Guimet
(MA 4015-MA 4016)

Bibliographie
LIU Mau-Tsai, « Kutscha und seine Beziehungen zu China vom 2 Jh. bis zum 6 Jh. n. Chr. », *Asiatische Forschungen*, 1969, Band 27, p. 99-107. Margaret MEDLEY, *T'ang Pottery & Porcelain*, Londres, Faber and Faber, 1981, p. 16-56.

1. M. MEDLEY, *op. cit.*, 1981, p. 24.

2. Les coiffures en particulier, l'une chinoise, l'autre d'Asie centrale, et le décolleté qui a été occulté par la glaçure.

3. LIU Mau-Tsai, art. cit., 1969, p. 208.

4. M. GIMM, « Das Yüeh-Fu Tsa-Lu des Tuan An-Chieh, Studien zur Geschichte von Musik, Shauspiel und Tanz in der T'ang-Dynastie », *Asiatische Forschungen*, Band 19, 1966, p. 315-317.

5. Le cas n'est pas unique : R. L. THORP, V. BOWER, *Spirit and Ritual, The Morse Collection of Ancient Chinese Art*, cat. exp., New York, Metropolitan Museum of Art, 1982, fig. 30-31 et note 1, p. 56.

6. Au VIᵉ siècle déjà, l'empereur Wenxuandi (550-559) aurait lui-même accompagné un maître kuchéen, réputé dans l'art de jouer du *pipa* ; *cf.* LIU Mau-Tsai, art. cit., 1969, p. 206.

Ces deux musiciennes proviennent de la collection Calmann et ont été exposées à Paris en 1937 sous les numéros 338 et 339.

Les glaçures vertes et marron ne sont pas une nouveauté au début de l'époque Tang mais leur utilisation conjointe sur un même objet demande une certaine maîtrise et n'apparaît qu'avec la mise au point d'une préparation qui s'apparente à la fabrication du verre[1]. On peut dès lors, toutes proportions gardées, disposer des glaçures comme l'on ferait de couleurs. Les deux musiciennes ont ainsi bénéficié de cette nouvelle polychromie à deux tons.

Habillées à la mode de Kucha qui moule le buste dans un étroit boléro à manches serrées porté sur une jupe plissée nouée sous la poitrine, elles paraissent directement inspirées – encore qu'avec une certaine gaucherie[2] –, de prototypes polychromes tel ce couple illustré dans l'ouvrage de Chen Wanli (*op. cit.*, 1957, pl. XXX).

En 642, un décret impérial institutionnalisa la musique de Turfan et porta au nombre de dix les différents orchestres que l'on pouvait écouter à la capitale[3]. Il n'est peut-être pas indifférent de noter que, parmi ceux-ci, celui de Kucha (intégré depuis le IVᵉ siècle), jouissait alors d'une grande notoriété.

Le *pipa* que tient l'une des deux musiciennes est un instrument occidental venu du Proche-Orient mais c'est par l'Asie centrale, dès les Han, qu'il est arrivé en Chine où il n'est devenu vraiment populaire qu'au Vᵉ siècle[4]. Dos bombé, rond ou piriforme, le *pipa* possède généralement quatre cordes et un manche droit à chevillier plat, parfois recourbé. On le joue avec un plectre. Une autre catégorie moins répandue comporte cinq cordes et viendrait d'Inde du Nord. On le jouait avec un petit plectre mais également en pinçant les cordes. Il était très utilisé à Kucha et trouva son chemin vers la Chine à l'occasion du décret de 642[4].

Même si trois cordes seulement sont figurées ici, le fait que la musicienne de toute évidence n'ait pas de plectre à la main plaide en faveur de ce type précis d'instrument[5]. Par ailleurs, le petit tambour sur cadre de sa compagne, joué avec une baguette, pourrait appartenir à la vaste famille des *jiegu*, petits tambours frappés, soit à la main, soit avec une baguette. On le connaît en Inde et en Asie centrale. Fort apprécié par l'empereur Xuanzong (M. GIMM, art. cit., 1966, p. 459), le tambour accompagnant le *pipa* et les deux instruments joués par des virtuoses semblent avoir été l'une des spécialités musicales de Kucha[6].

Le hasard a peut-être réuni ces deux musiciennes au musée Guimet mais il serait très séduisant d'y voir la matérialisation du rêve musical d'un noble, fou de musique, au début de l'époque Tang.

C.D.

57 Femme palefrenier

Époque Tang
VIIIᵉ siècle
Terre cuite à glaçure jaune et verte
H. : 37 cm
Donation J. Polain
Musée national des Arts asiatiques-Guimet
(MA 6123)

Bibliographie
J. POLAIN, *Passion for Asia. A European Collection*, Louvain-la-Neuve-Paris, Duculot, 1992, n° 29.

1. Pour des pièces au costume différent mais à la physionomie très proche, *cf.* H. BRINKER et E. FISHER, *Treasures from the Rietberg Museum*, New York, The Asia Society, 1980, n° 43.

Le traitement de la physionomie de cette femme palefrenier en fait un personnage plein de charme. Un visage poupin et souriant, un cou rond, une coiffure en couronne tirée vers l'arrière, des traits particulièrement fins – rehaussés après cuisson de noir pour les yeux et de rouge pour la petite bouche charnue – soulignent la grâce d'un type féminin d'Asie centrale [1]. Le manteau épais et long, fendu sur le côté, fermé d'une ceinture probablement de cuir et descendant jusqu'à des bottes de feutre, ressemble à la mise des Sogdiens.

L'éclat d'une telle pièce doit beaucoup à la somptueuse glaçure jaune à base d'oxyde de fer sur laquelle ressort la ligne vert foncé de la ceinture. Un contraste étonnant s'établit donc entre le vêtement, émaillé et brillant, et le visage et les extrémités, engobés et mats. Ces derniers, tout en grâce subtile, offrent un épiderme à la tonalité douce et pastel. Le parti pris est délibéré comme pour le personnage suivant (n° 58) ; l'attitude, le vêtement, la glaçure, bien des éléments amènent à rapprocher ces deux pièces. Il s'agit de rester dans l'esprit d'une facture redevable à la longue tradition chinoise de la statuaire funéraire. En laissant visible une partie de la matière naturelle, le potier reste fidèle à l'héritage Han ; tandis qu'il insistera sur la vogue de l'exotisme et les innovations contemporaines en appliquant des glaçures lumineuses.

M.-C. R./H. C. T.

58   Palefrenier étranger

Shaanxi
Époque Tang
VIIIe siècle
Terre cuite à glaçure « trois couleurs » et rehauts d'or
H. : 39 cm
Donation J. Polain
Musée national des Arts asiatiques-Guimet
(MA 6124)

Bibliographie

J. POLAIN, *Passion for Asia. A European Collection*, Louvain-la-Neuve-Paris, Duculot, 1992, n° 30. A. PEYREFITTE, J.-P. DESROCHES, *Visiteurs de l'Empire Céleste*, Paris, musée national des Arts asiatiques-Guimet, 1994, n° 10, p. 62-63.

1. *Cf.* H. BRINKER et E. FISCHER, *op. cit.*, 1980, cat. n° 42. Une autre pièce très proche dans une collection japonaise est reproduite dans « Sui and T'ang Dynasties », in *Ceramic Art of the World*, Tokyo, 1976, vol. XI, pl. CXC, p. 228.

2. *Cf. Wenwu*, n° 7, 1972, pl. couleur II-1.

Le type classique du palefrenier étranger est ici traité de façon remarquablement somptueuse. L'originalité et le raffinement du costume sont rendus par la parfaite maîtrise de deux techniques décoratives différentes : des rehauts de couleur vive posés à froid, dont certains à la feuille d'or, alliés à une très belle glaçure « trois couleurs ». Le modèle échappe ainsi totalement à la standardisation.

Une pièce comparable appartient au Rietberg Museum de Zurich [1]. Il s'agit d'un homme identifié comme marchand venant des cités de l'Est iranien. Un même visage ovale au nez fort et busqué, aux yeux protubérants, aux sourcils très fournis et séparés par une profonde ride verticale, à la bouche large et aux lèvres charnues semble renvoyer à un modèle quelque peu stéréotypé pris sur l'un des envoyés étrangers attendant d'être reçu à la Cour et ornant le mur est du corridor d'accès au palais souterrain du prince Zhanghuai à Qianling au Shaanxi [2]. Le costume, une tunique à col rond et manches longues ajustées, est ouvert sur les côtés, laissant voir les deux épaisseurs traditionnelles, ici traitées en vert et orangé. La fermeture se fait sur la droite, à la chinoise. Une reprise au couteau avant séchage complet traduit un souci des détails, en particulier pour le rendu des plis.

La singularité de la pièce ici présentée tient à l'étonnante décoration frontale, sorte de grappe descendant sur le front avec, au-dessus, sur le bonnet lui-même, la trace d'un médaillon. S'agit-il d'une forme de signe d'appartenance à une corporation ? On sait qu'à Chang'an chaque marchand était tenu de porter un tel signe indiquant sa spécialité. Notre palefrenier pourrait donc être l'un des membres de ces guildes, l'or visant à souligner l'opulence de la corporation ou du maître.

M.-C. R./H. C. T.

59 Dame de Cour

Époque Tang
VIIIᵉ siècle
Terre cuite à glaçure « trois couleurs »
H. : 26,8 cm
Collection M. Calmann
Musée national des Arts asiatiques-Guimet
(MA 4012)

1. *Wenwu,* n° 4, 1984, p. 57-69.

2. *Wenwu Ziliao Conkan,* n° 6, 1982, p. 128, n° 10 et pl. IV, n° 4.

3. *Zhongguo meishu guanji,* vol. XII, Pékin, Wenwu Chubanshe, 1989, n° 119.

4. H. MORANT, *La Céramique. Images des musées d'Angers,* Angers, Sicaudeau, 1958, n° 31, 47.

Les tombes aristocratiques Tang contenaient parfois des statuettes funéraires isolées, mais aussi, bien souvent, des séries de figurines destinées à remplir la même fonction. C'est le cas des nombreuses servantes qui accompagnaient le défunt dans l'au-delà, et que l'on disposait dans des niches le long du corridor d'accès à la chambre.

La statuette de la collection Calmann fait partie de ces séries. La jeune femme, attentive à servir ses maîtres, est debout, vêtue d'une longue jupe droite et d'une écharpe retombant par devant, masquant les mains. La glaçure jaune posée sur l'engobe blanc accentue l'aspect fluide et soyeux des plis de l'écharpe, encore renforcé par les taches ambrées. L'épaule droite a reçu une touche de glaçure verte, altérée, mais qui donne vie et relief à la statuette. Elle est chaussée de poulaines dont l'extrémité, en forme de fleur, est sans revêtement. Le visage peint à froid est relativement bien conservé : on distingue clairement la frange, les sourcils et les yeux dessinés en noir, le bandeau vert du chignon à demi relevé, tandis que les lèvres et le front sont ornés de rouge. Sun Ji décrit avec force détails ce maquillage qui paraît les belles de l'époque. Ainsi, le front pouvait recevoir un motif en harmonie avec la saison ou l'humeur de la dame, le *huadian*, une coutume venue, semble-t-il, d'Astana [1].

Ce type de servante, très fréquent dans les tombes, peut être exécuté sous forme de *mingqi,* telles les deux sépultures retrouvées à Manxian au Henan datant du début du VIIIᵉ siècle [2], ou réalisé en peinture comme c'est le cas avec les cortèges de servantes qui ornent les murs du mausolée de la princesse Yongtai datant de 706 [3]. Quoi qu'il en soit, ces œuvres pleines de charme perpétuent un âge d'or de l'élégance féminine [4].

P. B.

Époque Tang
VIIIe siècle
Terre cuite à glaçure « trois couleurs »
H. : 28 cm
Collection M. Calmann
Musée national des Arts asiatiques-Guimet
(MA 4014)

1. SHEN Congwen, *Zhonggvo Gudai fushi yanjiu* (Étude sur le costume en Chine ancienne), Hong Kong, Shangwu yinshu guan, 1981.

2. *Wenwu*, n° 3, 1992, p. 4, n° 1 et pl. II, n° 5.

Si les artisans utilisaient des moules engendrant des objets de série, ils avaient soin de varier le traitement du visage et le décor vestimentaire. Ainsi, bien que la morphologie de cette dame soit très proche de la précédente, les deux objets paraissent bien distincts.

La servante est ici coiffée d'un *shuang luoji*, ou chignon en double conque, dont la mode était très répandue dans les premières années du VIIIe siècle. Elle revêt une longue jupe étroite qui caractérise les femmes Tang avant l'apparition de la robe ample en vogue dans le deuxième quart du VIIIe siècle. Le buste est serré dans un *banbi* moulant et échancré, une longue écharpe complétant cette toilette. Le professeur Shen Congwen donne une description détaillée de ce costume caractéristique [1].

La pièce est exécutée à l'aide d'un moule bivalve dont le raccord demeure apparent latéralement sur les épaules, les bras et le long de la jupe. Le corsage et l'écharpe sont ornés d'une glaçure claire à reflets ambrés, tandis que la jupe porte un émail d'un vert franc et lumineux. Cette œuvre peut être rapprochée des *mingqi* exhumés de la tombe de Ceng Shi, mort en 701 à Xishantou près de Luoyang [2]. Une quarantaine de figurines féminines avaient été disposées dans la petite chambre funéraire sur une estrade près du cercueil, alors que des chimères, des chevaux et des palefreniers semblaient garder l'entrée.

P. B.

61 Dame de Cour

Époque Tang
VIIIᵉ siècle
Terre cuite à glaçure « trois couleurs »
H. : 38,2 cm
Collection M. Calmann
Musée national des Arts asiatiques-Guimet
(MA 4013)

Bibliographie
Daisy LION-GOLDSCHMIDT et Jean-Claude MOREAU-GOBARD, Art de la Chine. Bronze. Jade. Sculpture. Céramique, Fribourg, Office du Livre, 1960, P. 307, n° 133.

1. *Wenwu*, n° 4, 1984, p. 68, n° 7.

2. *Wenwu*, n° 3, 1992, p. 66-70.

3. ZHOU Xun, GAO Chunming, *op. cit.*, p. 84 n° 144 ; *Encyclopédie d'art chinois, Céramique*, vol. II, Shanghai, 1988, pl. XCVII, p. 35.

La plupart des statuettes revêtues de glaçure « trois couleurs » n'en comportent que deux. La présente figurine est, en revanche, un véritable *sancai*.

Debout sur une base plate à angles coupés, elle est vêtue d'une jupe à glaçure marron, dont les coulures brillantes donnent l'illusion de la soie fine. L'impression est renforcée par les plis en forme de pétales de lotus qui se rassemblent dans le bas du dos de la pièce. La longue écharpe qui recouvre les épaules et les mains est ornée d'un émail lumineux d'un bleu profond, un peu granuleux. Elle se détache sur le blanc, alors que des taches jaunes, vertes et bleues posées sur les manches et le dos du corsage complètent la polychromie, imitant les teintures au batik. Les poulaines, à bout retourné et pointu, sont rehaussées de bleu intense. Seul le visage a été enduit d'un engobe clair pour poser délicatement des couleurs à froid.

La technique comme le style de cette figurine sont caractéristiques du deuxième quart du VIIIᵉ siècle. L'usage du bleu de cobalt, dont le minerai est importé à grands frais des montagnes iraniennes du Kashan, renforce cette datation. La tenue, en revanche, reste héritière du costume des servantes du début du siècle : le buste est serré dans un corsage étroit et décolleté, tandis que la longue jupe ne s'évase qu'au sol pour faciliter la marche avec les poulaines.

Le visage et la coiffure appartiennent toutefois à une époque nouvelle qui tranche avec le début du siècle. Le chignon – encore relevé en forme de couteau au sommet du crâne – repose sur une chevelure désormais lourde qui amplifie la rondeur épanouie du visage. Ce haut chignon, le *chengtangshi gaoji*, est décrit par Sun Ji [1]. Dès 740, le pas va être franchi, et les belles auront un corps en harmonie avec la plénitude de leur visage, une mode que l'on attribue à la concubine Yang Guifei [2]. Nous sommes ici à la charnière de ce mouvement. Le visage poupin, dont les couleurs ont gardé un peu de leur vivacité, s'enchaîne mal avec le corps encore longiligne. Le musée historique de Shaanxi et le musée de Luoyang conservent des pièces aux proportions similaires [3].

Œuvre de transition, reflet immortalisé d'un changement de goût, cette statuette prélude aux *yuemian*, « visages lunaires », dont les poètes Tang ont vanté les beautés.

P. B.

Époque Tang
VIIIe siècle
Terre cuite à glaçure « trois couleurs »
H. : 35 cm
Donation J. Polain
Musée national des Arts asiatiques-Guimet
(MA 6125)

Bibliographie
J. POLAIN, *Passion for Asia. A European Collection*, Louvain-la-Neuve-Paris, Duculot, 1992, n° 38.

1. En l'occurrence, dans le cas de notre figurine, l'oiseau a été refait.

2. *Cf. Tangmu bihua jijing*, publication du Musée provincial du Shaanxi, 1991, p. 87, 99-102 ; *Trésors d'art de la Chine, op. cit.*, 1982, n° 59.

Ce type de figurine est classiquement désigné par le terme de fauconnier bien que l'oiseau posé sur le poing du personnage ne soit pas systématiquement un faucon [1]. Le fauconnier est peut-être dans ce cas-là tout simplement représenté avec à son poing un oiseau servant d'appeau pour exercer le faucon ou jouer avec l'oiseau. Quoi qu'il en soit, ce sujet s'inscrit dans la coutume Tang de retracer – à travers les figurines funéraires – les moments de la vie mondaine auxquels le défunt a pu participer. La chasse et la fauconnerie faisaient partie des loisirs d'une société riche et oisive qui gravitait autour de la Cour, comme le montrent les peintures murales des tombes des princes Yide et Zhanghuai, dans l'enceinte du mausolée Qianling de l'empereur Gaozong et de son épouse l'impératrice Wu Zetian [2]. Les femmes aussi participent pleinement à ces activités. Des *mingqi* les représentent donc à la chasse, montant à cheval ou encore jouant au polo (*cf.* n° 49, 50, 53 et 54). Elles portent alors les mêmes vêtements que les hommes et on ne les distingue que par la finesse de leurs traits. C'est le cas de notre femme fauconnier dont le *hufu* est, selon la mode de l'époque, inspiré du long manteau des Sogdiens : à col croisé, près du corps mais suffisamment souple pour ne pas entraver les mouvements. Il est fermé d'une ceinture de cuir *diexie dai* à laquelle sont noués des liens servant à accrocher quelques accessoires : ici une bourse à parfum, mais aussi divers couteaux à la manière des nomades. Le chapeau *huntuo mao* et les bottes sont en feutre avec parfois des broderies décoratives aux revers.

Participant du pittoresque du sujet, des innovations techniques portent par ailleurs la marque de la volonté d'exotisme des céramistes Tang. Ceux-ci savent jouer admirablement des effets des glaçures « trois couleurs » dont la fluidité permet à des tons opposés de s'interpénétrer librement, formant des coulures et des taches caractéristiques. Leurs tonalités brillantes et chamarrées soulignent les détails des vêtements et des parures. Les verts – pâles ou intenses – sont dérivés du cuivre ; les jaunes ambrés – fonçant en brun orangé – de l'oxyde de fer. Les parties délibérément non glaçurées – comme ici le visage et le cou, la coiffure et les bottes – donnent, par contraste, une touche de délicatesse et de réserve à un personnage qui allie la grâce de la physionomie chinoise à l'exotisme du costume venu d'Asie centrale.

M.-C. R./H. C. T.

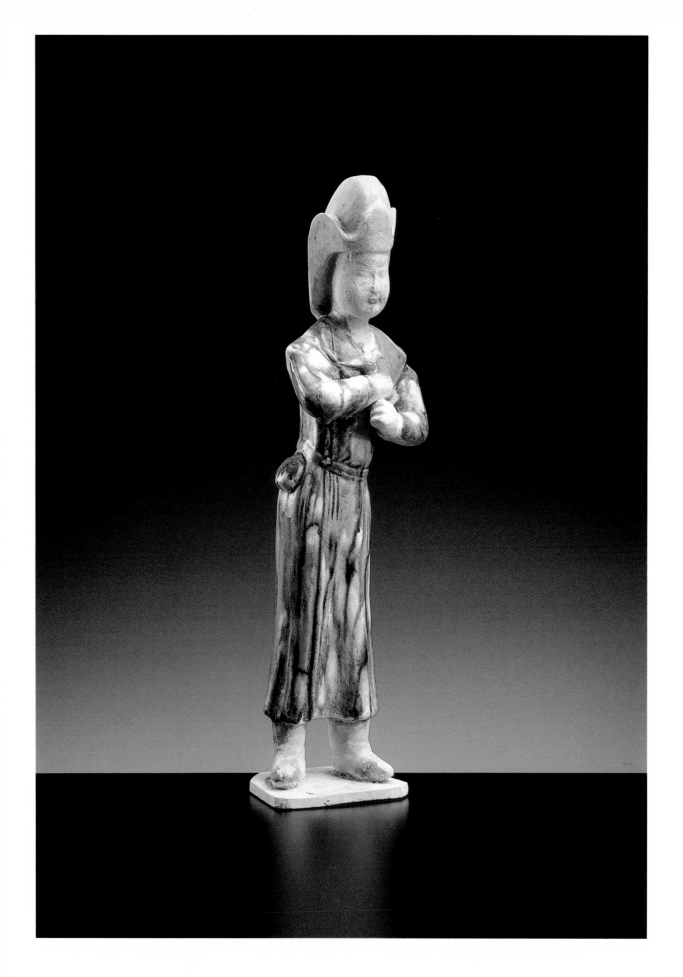

63 Dame de Cour assise

Époque Tang
Premier quart du VIIIe siècle
Terre cuite, engobe chair, polychromie et glaçures *sancai*
H. : 33 cm
Donation J. Polain
Musée national des Arts asiatiques-Guimet
(MA 6126)

Bibliographie

J. POLAIN, *Passion for Asia. A European Collection*, Louvain-la-Neuve-Paris, Duculot, 1992, n° 39.

1. Cette préséance vis-à-vis des musiciens debout devint exécutoire au début de l'ère Kaiyuan (713-742) ; LIU Mau-Tsai, art. cit., 1969, p. 106.

2. Exemples à Maijishan, grotte n° 148 ou encore à Yungang, grotte n° 10.

3. ZHOU Xun, GAO Chunming, *op. cit.*, 1985, p. 91, fig. 160. Un léger accident a endommagé l'encolure à droite.

4. Cette disposition est un peu plus nette sur les figurines du British Museum et du Victoria and Albert Museum ; très claire sur les peintures murales des tombes de Li Zhongrun (706) ou encore de Mme Xue (710).

5. Ce sont les chaussures de Cour classiques à cette époque.

6. Avec le perroquet, le loriot, passereau des régions indo-malaises aux vives couleurs, était très apprécié en tant qu'animal de compagnie.

Si l'on se réfère d'une part au statut particulier accordé aux musiciens assis [1] et, d'autre part, à la relative rareté du type iconographique auquel appartient la figurine n° 63, sans doute est-on en droit de penser que celle-ci nous restitue l'image d'une dame de qualité.

Emprunté à l'imagerie bouddhique, associé dès le Ve siècle au personnage de Maitreya [2], le siège de vannerie en forme de tambour sur lequel elle est assise illustre une curieuse facette de la pénétration du bouddhisme au sein du monde profane. Comble du paradoxe, à Dunhuang au VIIIe siècle (peintures de la grotte n° 445), c'est sur un tabouret identique que deux de ses contemporaines s'apprêtent à renoncer au monde.

La maîtrise de la nouvelle technique des glaçures qui s'exerçait de façon privilégiée aux fours de Gongxian près de Luoyang s'exprime ici dans la splendeur ambrée de la robe et le savant tachisme mêlant le vert aux différents tons de jaune qui animent le haut du vêtement de la jeune femme. Conformément à la règle, la tête posée en dernier sur les épaules a reçu sur un engobe couleur chair des rehauts de peinture qui soulignent les yeux, les sourcils et la bouche. Cependant, comme la chevelure, noire à l'origine, ils ont ou disparu ou perdu beaucoup de leur vivacité.

Cette figure est très proche de celle du Victoria and Albert Museum, à ceci près que la disposition des couleurs est inversée et que le sujet, au lieu d'un oiseau, tient un miroir.

Les cheveux séparés en deux masses égales ont été tressés et, avec l'aide de postiches, harmonieusement disposés de chaque côté de la tête. Le vêtement se compose d'une jupe évasée nouée sous la poitrine sur les pans d'un gilet court à manches longues. Sur cet ensemble est passé le *banbi*, petit boléro à col en V et manches courtes et larges [3].

Un certain flou, sensible dans le fait que l'on discerne mal aux épaules l'étole dont l'extrémité est posée sur la main gauche qui soutient l'oiseau [4], paraît un point de plus en faveur de la thèse selon laquelle ces figurines auraient été le fait d'une commande spéciale ne relevant pas de l'habituelle production en série (M. MEDLEY, *op. cit.*, 1981, p. 46). Les chaussures à bout relevé orné d'un nuage [5] et l'oiseau – un loriot peut-être [6] – complètent ce charmant tableau d'une jeune beauté qui fut peut-être la favorite du propriétaire de la tombe.

C. D.

64   Dame de Cour assise

Époque Tang
Fin de la première moitié du VIIIe siècle
Terre cuite chamois, engobe blanc, glaçure *sancai* et rehauts de polychromie
H. : 15 cm
Collection Calmann
Musée national des Arts asiatiques-Guimet
(MA 4025)

Bibliographie
Margaret MEDLEY, *T'ang Pottery & Porcelain*, Londres, Faber and Faber, 1981,
p. 16-51, 88-100.

1. Tombe datée ; *Kaogu*, n° 1, 1958, p. 42-52.

2. À moins qu'il ne s'agisse d'un petit chien.

3. Dates que l'on a pu déduire, et de la peinture sur soie découverte à Astana. (A. STEIN, *op. cit.*, 1928, p. 654-656) et d'une figurine exhumée d'une tombe datée de 723 au Shaanxi (W. WATSON, *op. cit.*, 1984, fig. 197).

4. O. SIREN, *Histoire de la peinture chinoise*, Paris, Éditions d'art et d'histoire, t. I, 1934, p. 80-82 et pl. LXVIII.

5. Une des plus belles (H. : 33 cm), fait partie de la collection A. et S. Hartmann ; M. MEDLEY, *Tang Sancai Pottery Selected from the Collection of Alan & Simone Hartmann*, cat. exp., Londres, 1989, n° 11.

C'est à partir de 723 [1] que le bleu de cobalt paraît s'être généralisé au sein de la palette des glaçures. Ici, des touches de bleu et de brun viennent au col, aux bras et au pied enrichir l'ample vêtement de cette dame assise tenant dans son giron un singe apprivoisé [2].

C'est, semble-t-il, aux alentours des années 710-720 que les femmes ont commencé de délaisser les coiffures à chignons « comme des montagnes » pour adopter un nouveau style dit « chignon à demi-retourné [3] ». Une partie des cheveux jusqu'à la naissance des oreilles est relevée en une large couronne autour du visage tandis que le reste de la chevelure retombe gracieusement sur la nuque. À cette époque, un postiche doublé ou non d'une étoffe de soie était posé au milieu de la couronne et retombait sur le front. C'est bien à ce type de coiffure qu'appartient celle de notre figurine.
Cependant, l'ornement postiche est différent car fait de deux tresses liées au sommet du crâne, derrière la couronne. Le mode de fixation n'est pas très clair mais l'observation du modelé permet de penser que l'ensemble était fixé par derrière sur une mèche naturelle.

Il semble qu'il n'existe pas d'autre exemple de cette coiffure mais les peintures de Zhou Fang (actif de 780 à 810), qui se rendit célèbre par ses représentations de dames de l'aristocratie, l'évoquent assez bien. On remarquera en particulier les fils d'or (?) qui ornent les cheveux de la *Joueuse de qin dans un jardin* [4], type de parure qui semble avoir été rendu dans le cas de notre figurine par des rehauts de peinture rouge.

Cependant, le style de la robe, le siège en forme de tambour et le pied nu caché sous le drapé couvrant la cuisse gauche – la jolie mule bleue ornée de nuages s'est couchée sur le côté lorsqu'elle fut ôtée – forment un ensemble bien attesté par quelques exemples similaires du deuxième quart du VIIIe siècle [5]. Or, on sait que Chang'an et Luoyang, successivement dévastées en 756 puis 763, ont alors pratiquement cessé leur production et que, par ailleurs, les fours de Chine du Sud cultivaient un autre genre de céramiques.

Finalement, avec en tête ces deux éléments caractéristiques que sont la taille modeste et la coiffure mal attestée mais très élaborée de la statuette, deux hypothèses paraissent vraisemblables : ou bien l'on a affaire à une œuvre provinciale des années 725-750 ; ou bien à une œuvre du Shaanxi ou du Henan produite entre 742, début de l'ère Tianbao, et 763, date de l'invasion tibétaine.

C. D.

Époque Tang
VIIIe siècle
Terre cuite à glaçure « trois couleurs »
H. : 36 cm
Collection M. Calmann
Musée national des Arts asiatiques-Guimet
(MA 3995)

1. *Kaogu Tongxin*, n° 1, 1958, pl. IV ;
Pekin Kokyu Hakubutsuin Ten, Asahi
Shinbunsha, Tokyo, 1982, p. 72.

Grâce à la politique éclairée de Xuanzong, les haras impériaux vont être repeuplés au cours de la première moitié du VIIIe siècle. Cette impulsion venue du pouvoir central trouvera un écho dans l'art funéraire. Les chevaux seront parés d'un lustre nouveau. Le magnifique coursier à jambes longues en terre cuite beige clair de la collection Calmann en est l'un des plus beaux fleurons. Il partage ce privilège avec une pièce du musée du Palais de Pékin et quelques rares *mingqi* découverts en 1957 dans la tombe de Xianyu Tinghui, sépulture datée de 723. Il est fort probable que ce petit groupe soit issu des mêmes ateliers [1].

L'objet repose sur une terrasse rectangulaire, dressée dans une terre fine. Entre le corps et le vêtement, un engobe a été posé qui a rosi à la cuisson. Un émail ambré à reflets jaune d'or recouvre la robe, tandis que la crinière et la queue sont revêtues de glaçure blanche dont la couleur a coulé en partie sur l'encolure. La glaçure jaune s'arrête au niveau des fanons et laisse l'engobe apparent sur les sabots. Le dos et les flancs sont masqués par une selle laissée en réserve et peinte en rouge, posée sur un tapis de selle décoré de glaçures bleu et blanc. Les étriers sont clairement indiqués en relief et recouverts de glaçure blanche. Les éléments du harnais – bride, frontal, muserolle, collier, croupière – sont émaillés en vert et agrémentés de pompons bleus.

L'animal offre l'impression d'un moment de calme. Au repos, il semble attendre sagement son riche propriétaire qui a tenu à montrer sa fortune par la somptuosité du harnais et du tapis de selle. De toute évidence, le potier a cherché à mettre en valeur la beauté de la robe et du tapis, dont les couleurs posées en réserve rappellent les soies au batik. La coupe de la crinière, le tressage élégant de la queue à la mode du temps évoquent le soin et le respect avec lesquels étaient traités ces pur-sang particulièrement prisés par l'aristocratie.

P. B.

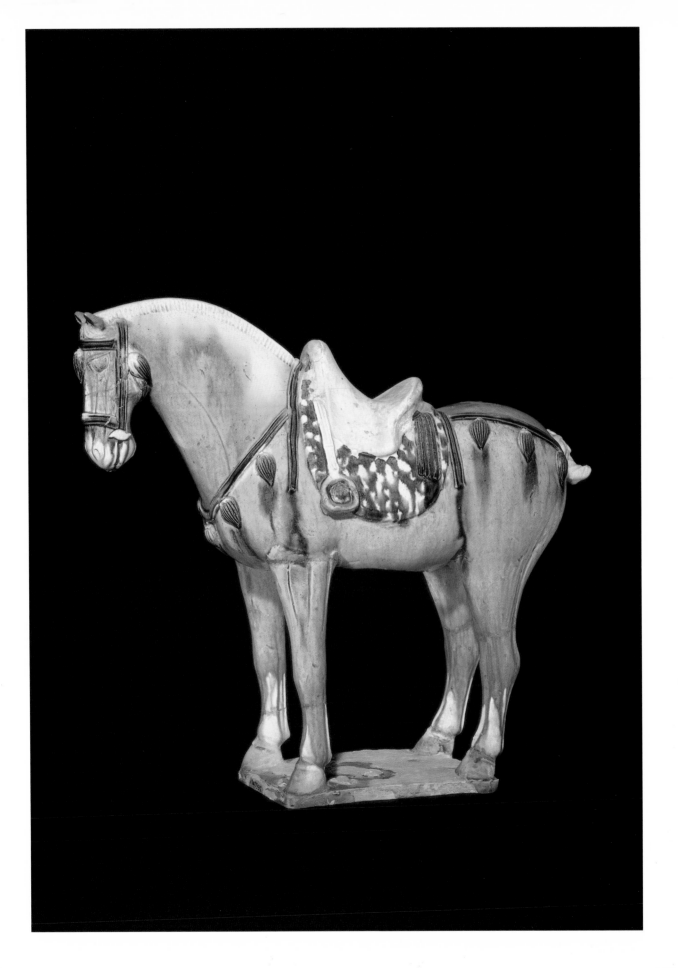

Époque Tang
VIIIe siècle
Terre cuite à glaçure « trois couleurs »
H. : 38 cm
Collection M. Calmann
Musée national des Arts asiatiques-Guimet
(MA 4805)

Bibliographie
J.-P. DESROCHES, *Cinq années d'enrichissement du patrimoine national : 1975-1980*, Grand Palais, Réunion des musées nationaux, 1980, n° 12, p. 16.

1. *Kaogu*, n° 3, 1960, n° 2, p. 36.

2. *Kaogu Tongxun*, n° 1, 1958, pl. III.

3. *Chine, trésors et splendeurs*, Montréal, Arthaud, 1986, n° 90.

4. D. LION-GOLDSHMIDT et J.-C. MOREAU-GOBARD, *Art de la Chine. Bronze. Jade. Sculpture. Céramique*, Fribourg, Office du Livre, 1960, p. 300, n° 131.

Les nouvelles races issues des croisements avec des espèces occidentales allaient amplifier l'engouement des grandes familles pour les pur-sang. On voudra, évidemment, les portraiturer et les associer aux funérailles des défunts les plus aisés. Les potiers, en mettant au point de brillantes glaçures, sauront créer un nouvel attrait pour une clientèle avide de plaisir et de volupté même face à la mort.

Ce beau coursier de la collection Calmann participe de ce climat hédoniste. Le puissant animal en terre cuite beige revêtue d'un engobe rosé, posé sur une terrasse rectangulaire, a reçu une glaçure blanche à reflets verdâtres qui laisse ressortir les vives couleurs de la crinière. C'est elle qui capte d'abord l'attention : les longues mèches, dégagées au peigne dans la terre crue, sont ornées d'émaux alternés bleu et brun dans un souci décoratif extraordinaire, encore renforcé par le geste du cheval qui tourne la tête. Le harnais vert vif – dont les médaillons ouvragés jaunes à cœur bleu agrémentent le montant, le poitrail et la croupière – rappelle les décors de bronze doré qui paraient les chevaux les plus riches. Le somptueux tapis qui recouvre la selle est un autre élément ostentatoire. Ses flammèches réalisées au peigne avant cuisson évoquent sans doute une fourrure épaisse. Aux glaçures jaune et bleu sont associées des touches blanches. On retrouve le même tressage de la queue que sur la pièce précédente, tandis que les sabots sont ici ornés de brun clair.

La tombe de Zhongbaocun, découverte en 1959 à l'ouest de Xi'an, a livré des chevaux d'un traitement décoratif très proche de cette pièce. On y retrouve le luxe ostentatoire et le chatoiement des couleurs caractéristiques du début du VIIIe siècle [1]. Une paire de chevaux en terre cuite « trois couleurs », trouvée en 1957 dans la tombe de Xianyu Tinghui datée de 723, présente le même tapis de fourrure à flammèches recouvrant la selle [2], ainsi qu'un cheval trouvé à Yichuan au Henan [3], ou encore une pièce dans une collection privée parisienne [4]. Ce cheval appartient au même contexte de tombes aristocratiques proches de la capitale, enfouies dans les premières décennies du VIIIe siècle.

P. B.

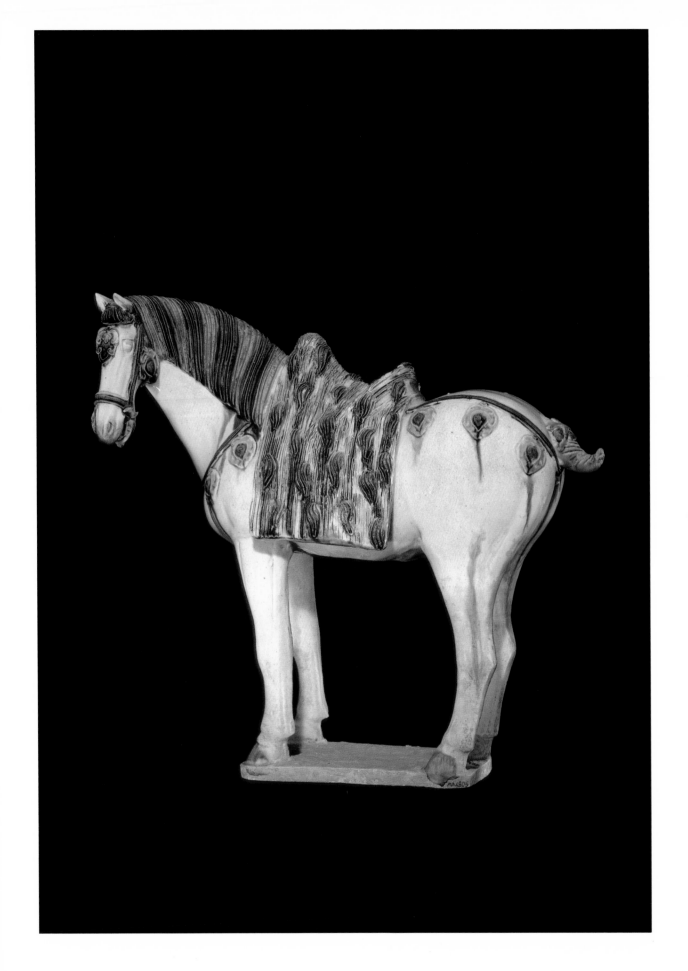

Henan (?)
Époque Tang
Fin du VIIe siècle-début du VIIIe siècle
Terre cuite à glaçure « trois couleurs »
H. : 46 cm
Collection M. Calmann
Musée national des Arts asiatiques-Guimet
(MA 3991)

Bibliographie
W. WATSON, *La Céramique Tang et Liao*, Fribourg, Office du Livre, 1984, p. 215, fig. 245.

1. Dans cet ensemble cohérent, on pourrait citer le joueur de tambour du Musée provincial de Luoyang (*Luoyang Tang Sancai*, Luoyang, 1980, pl. XXX), la pièce présentée à Venise en 1986 (*Catalogue of the Exhibition*, Venise, 1986, p. 175), les œuvres vendues à Sotheby's en 1986 (*Fine Chinese Ceramics and Works of Art*, Londres, 10 juin 1986, lot 29) et en 1988 (*Fine Chinese Ceramics and Works of Art*, Londres, 7 juin 1988, lot 87) et le flûtiste de la collection Umberto Draghi (C. NOPPE, *Art chinois : du Néolithique aux Song*, Musée royal de Mariemont, 1990, n° 54).

2. HARADA Yoshito, « Hosokawa gezô kasai ritsujoyŏ ni tsuite », *Yamato bunka*, n° 38, 1962, p. 1.

3. Ainsi cette image du cheval est-elle définie dès le haut Moyen Âge dans un traité d'agriculture datant du VIe siècle, le *Qimin yaoshu (Techniques importantes pour le bien-être du peuple)* : « Pour le cheval, la tête est reine, elle doit être carrée ; les yeux sont ses ministres, ils seront brillants ; l'échine est son général, elle sera forte ; le poitrail et le ventre sont ses murailles, ils seront bien développés ; les quatre membres sont ses commandants, ils seront longs. » Ces critères cesseront d'évoluer, comme l'attestent à la fois cet exemple et les écrits postérieurs, notamment le *Mashu* (Livre du cheval) de Yang Shiqiao, édité en 1594 et sans cesse repris jusqu'à nos jours.

Ce cheval robuste et élégant, modelé dans une argile chamois engobée, a été posé sur une mince terrasse rectangulaire après avoir été moulé. Il porte un cavalier botté et encapuchonné qui semble tenir un instrument dans la main droite et le porter à sa bouche. Il pourrait s'agir d'une trompette, initialement réalisée dans un matériau périssable, et qui a aujourd'hui disparu. L'animal est à l'arrêt, en appui rassemblé, un style de monte pratiqué couramment par les Tang et que les potiers excellent à représenter. Au-delà de ce statisme apparent, on perçoit un vrai traitement naturaliste des volumes, supposant une réelle connaissance des complexions anatomiques des pur-sang. Le tronc, solidement charpenté, est juché sur des jambes longues et fragiles, à la musculature nerveuse. La tête fine, intelligente, est docilement inclinée vers la gauche, la bouche entrouverte et comme entravée par un mors droit. Le chanfrein busqué est flanqué de deux yeux en grenouille au regard vif et pénétrant souligné par des prunelles sombres. L'abondante crinière souple, longue et bien ordonnée, la queue taillée et tressée, la robe fraîchement étrillée sont autant d'indices témoignant du soin dont l'animal est entouré. Un émail d'un vert franc, coloré à l'oxyde de cuivre, a été prestement badigeonné. Cette application rapide, à effet moiré, illustre la pleine maturité d'un genre où chaque geste apparemment désinvolte frise la perfection. Le tapis de selle multicolore est agrémenté de motifs circulaires réservés à l'aide de gouttelettes de cire, une technique commune à la céramique et à la teinture des étoffes. L'aspect granuleux du cuir et sa couleur brune ont été obtenus par un mélange chargé en oxyde de fer. Il revêt la selle et les sabots du cheval, les bottes du personnage. Les éléments du harnais – bride, muserolle, collier de poitrail, croupière – sont peints vraisemblablement avec la même substance, mais plus diluée. Le cavalier semble brider sa monture de la main gauche. Il porte un vêtement caractéristique de l'Asie occidentale, constitué d'un manteau châtaigne qui masque une tunique verte dont seul le revers des manches est apparent. La tête et la main droite, dépourvues de glaçure, ont été délicatement modelées. Les lèvres et les joues sont empourprées au cinabre, tandis que les sourcils sont détaillés en noir. Si le couple cheval-cavalier est un classique du répertoire des coroplastes chinois, le cavalier musicien reste cependant, sous les Tang, une iconographie peu répandue. Celui-ci, semble-t-il, appartient à un ensemble cohérent et restreint, comprenant à la fois des joueurs d'instrument à percussion et des joueurs d'instrument à vent [1]. Le tambourinaire du musée d'Histoire de Pékin, proche de la pièce Calmann provenant de la tombe de Dugu Shizhen datée de 697, permet de situer ces créations à la charnière des VIIe et VIIIe siècles, une époque où le luxe des funérailles est précisément à son comble. Les obsèques se déploient alors en interminables cortèges animés d'orchestres à cheval. Autour de la bière, les processions comportent encore des voitures chargées de *mingqi* destinés à figer l'événement pour l'éternité [2]. Il est probable que notre cavalier musicien défila ainsi jusqu'au tombeau pour être déposé sur des gradins le long du *mudao*, le corridor d'accès en plan incliné, dans l'une des *xiaokan*, ces petites niches latérales pratiquées dans la paroi. Quoi qu'il en soit, le cheval chinois vers 700 est devenu et demeurera la référence obligée [3].

J.-P. D.

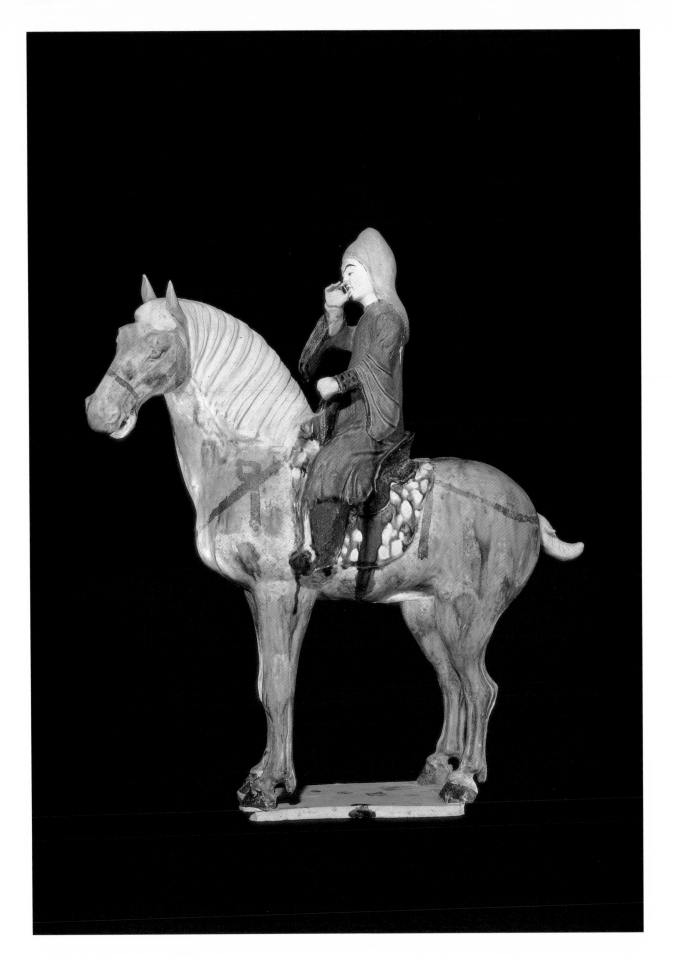

杜甫

Épilogue

胡鋒竹風所真驍萬
馬稜批入向堪騰里
大瘦雙四無託有可
宛骨耳蹄空死如橫
名成峻輕闊生此行

Chevaux barbares de l'officier Fang

Chevaux barbares du fameux Fergh âna
Ossature souple aux angles tranchants
Oreilles dressées pareilles à des bambous taillés
Jambes légères que soulève le vent
Là où vous allez rien ne saurait vous arrêter
Je puis te confier ma vie comme ma mort
Fier coursier. Nos rêves partagés
Sur mille lieues fendre l'espace ouvert.

DUFU

Adapté d'après F. Cheng, *L'écriture poétique chinoise,
suivie d'une anthologie des poèmes Tang*, Paris,
Le Seuil, 1977,
éd. rev. 1982, p. 184.

China : of Horses and Men

Before the Guimet museum is closed for the purposes of a general renovation, our curatorial staff has put together a last exhibition - *China : of Horses and Men.* This show will be an opportunity to introduce the public to the museum's latest acquisitions in the field of Chinese Art ; it constitutes the second part of a general presentation launched in December 1994 with *Origins of China*, which was devoted mainly to L. Jacob's collection of Chinese artworks from the Neolithic age and the Shang, Zhou, and Qin periods. This second exhibition is focused on the Han and Tang periods, as illustrated by a number of *mingqi*, most of which were donated by J. Polain, a Belgian amateur and scholar. By donating his collection to a Parisian museum, J. Polain wished to encourage a truly European working spirit transcending national borders.

The catalogue is designed as a chronological presentation of over sixty artworks. It starts with an introductory essay on the centrality of horses in Ancient Chinese civilization : horses have always been a factor of development and culture in China, and even today, with its eleven million horses, China can boast the largest equine population in the world. Thus horses have had a measurable impact on Chinese history - the end of Ancient China coincides with the gradual replacement of mounted horses as a key element of civilization. So that the representation of horses on funerary monuments can be seen as a tribute paid by the Chinese to their precious animals. The oldest of these monuments, dating back to 117 BC, is *Horse Trampling a Barbarian*, which was found by V. Segalen in 1914 on the tomb of Huo Qubing in Maoling - its discovery aroused much European interest in *mingqi*. A second introductory essay, outlining the history of European archeology in China, explains how this taste for art of a new kind had previously been stirred by the archeological research of F. Chavannes, in the late XIXth century, as well as by the stories and souvenirs brought back by Belgian engineers who had gone to China to build the first railroad network there. J. Polain's collection bears a direct relation to this history of Belgian interest in Chinese art.

Following these general considerations, the catalogue proceeds to retrace the history and archeology of Han funerary art, from imperial mausoleums to princely tombs and the sepulture of civil servants. Each of the 26 reproductions illustrating this section is accompanied by an explanatory text, in which the author attempts, among other things, to relate the object under study to recent dated finds. A second chapter is devoted to Tang funerary architecture, along the same lines : a description of the chivalric rules and pastimes of Tang society preludes the detailed analysis of 41 objects, among which a number of clay figures painted with unfired coloured pigments, and a few beautiful examples of *sancai* from M. Calmann's collection. A complete chronology, glossary, and bibliography are added.

中文摘要

在吉梅博物館重整內部休館之前, 我們舉辦最後一項命名為 "中國 - 馬與人" 之特展, 以向觀眾呈現本館中國藝術方面最近增加的收藏. 事實上, 本項展覽為一九九四年十二月以"中國文明的起源" 特展起頭之系列特展中之第二部分; 前者內容以賈可伯先生(L.Jacob)所捐之作品為主並夾以其它私人收藏或捐贈品來呈示新石器時代至商周秦三朝之文明. 本項活動則以漢唐兩代為主題, 藉著明器來表達, 大部分作品於一九九四年由一布魯塞爾之私人收藏家博瀾先生(J.Polain)所捐贈. 此外, 博瀾先生堅持以歐洲精神排除國籍界限的原則下將這批藏品捐給巴黎.

特展目錄介紹六十餘件作品, 依時間順序排列, 一篇序言替馬在古代中國扮演的角色正名. 身為傳遞文明主導媒介的中國, 以其一千多萬馬匹, 至今仍擁有世界上最大批的馬群. 馬具體地塑造了中國及其歷史. 上古的中國隨著上衡軛的馬消失, 帝國時期的中國隨著上鞍的馬而產生. 馬填補了中國的需要, 但中國藉著紀念建築來表達其感恩之意, 其中最早一座為茂陵附近霍去病墓前"馬踏胡人"之石刻, 於武帝元狩六年 (西元前一一七年) 所雕造, 並於一九一四年由席格凌(V.Segalen)重新發現, 在歐洲興起收藏"明器"之品味. 此外, 早在十九世紀末夏凡(E.Chavannes)之考古調查已作為這個風潮之前聲. 比利時公司在鋪設中國早期鐵路網中非常活躍, 透過一些他們的工程師在西方引入這個新的風味. 博瀾先生的收藏正步入這項傳統的軌跡之中.

在這篇總論之後, 目錄介紹漢代墓葬藝術之歷史及其有關考古發現, 依次探討皇陵, 諸侯王墳墓及高官的大墓, 隨著為一系列展覽作品, 作者嘗試與最近有紀年之出土發現文物作排比.

第二章介紹唐代墓葬建築, 並以對這個浪漫, 喜好運動, 同時富俠義精神的社會之分析作引序. 在這篇文章之後為一系列上彩的陶塑作品及卡爾曼先生(M.Calmann)所贈的數件精美的唐三彩. 最後以年代表, 詞彙, 及書目索引作為目錄之結束.

CHRONOLOGIE GÉNÉRALE

Chine

- **XIVᵉ-XIᵉ siècle**
  Pictogramme du cheval.
  Offrandes sacrificielles de seize chevaux harnachés et de soixante-dix-sept
  personnes dans la tombe WKGM1 de Wuguancun à Anyang.
  Premier harnais à sangle de poitrail découvert dans la tombe
  de Fu Hao à Anyang.

- 513   Première mention de la fonte de fer.

- **IVᵉ siècle**
  Introduction de la cavalerie en Chine.
  Invention du harnais à traits.

- **IIIᵉ siècle**
  Apparition du harnais à collier.

- 221-210
  Premier empereur Qin Shihuangdi.
  Construction du mausolée de l'empereur à Lintong au Shaanxi ;
  une armée de sept mille fantassins, cavaliers et chevaux
  en terre cuite grandeur nature y est enterrée.
  Construction de la Grande Muraille.

- 209   Début des soulèvements et de la guerre civile.

- 202   Liu Bang se proclame empereur des Han sous le nom de Gaozu
  et établit sa capitale à Chang'an.

- 195   Mort de Gaozu.

- 182   Incursions des Xiongnu dans les provinces du Nord.

- 188   Régence de l'impératrice Lü.
  Mort de l'impératrice Lü.
  Empereur Wendi.

- 177   Avance des Xiongnu jusqu'au Henan.

- 165   Premières épreuves officielles des examens de recrutement des fonctionnaires.

- 162   Graves incursions des Xiongnu au Liaodong.

- 157-141
  Empereur Jingdi.

- 156   Tentative de paix avec les Xiongnu.
  Développement des haras nationaux ; cinq cent mille chevaux destinés à l'armée.

- 141   Avènement de l'empereur Wudi.

- 140   Premier ouvrage d'alchimie chinoise.

- 138   Wudi envoie Zhang Qian chercher l'alliance
  des Yuezhi pour combattre les Xiongnu.

Asie	Europe

- XVIIᵉ siècle
  Apparition du char et de la domestication du cheval en Anatolie et en Syrie.

	- 323 Mort d'Alexandre le Grand.

| | - 218   Deuxième guerre punique. |
| | - 212   Mort d'Archimède. |

| | - 183   Mort de Scipion l'Africain. |

- 150   Construction du stupa de Bharhut.

Chine

- 133   Expédition contre les Xiongnu.

- 132   Cent mille soldats sont employés à la réfection des digues du fleuve Jaune.

- 129   Construction d'un canal de 150 km entre Shaanxi et Henan.

- 126   Zhang Qian rapporte des chevaux du Ferghâna.

- 124   Première grande offensive contre les Xiongnu.

- 119   Première grande victoire contre les Xiongnu conduite
         par le général Huo Qubing.

- 117   Extension à tout l'empire du monopole d'État du sel et du fer.

- 108   Création de quatre commanderies en Corée.

- 104   Réforme fondamentale du calendrier.

- 102   Création de postes fortifiés en Mongolie.

- 97   Nouvelle campagne contre les Xiongnu.

- 87   Mort de l'empereur Wudi.

- 64   Les Han concentrent leurs efforts sur la défense de la route méridionale
         des oasis.

- 44   Suppression du monopole du fer et du sel.

- 28   Début de la notation systématique des taches solaires.

- 19   Construction du mausolée impérial du Changling au nord de Chang'an.

Fin du 1er siècle av. J.-C.
         Apparition de la selle à pommeau et à troussequin.

- 1   Régence de l'impératrice Wang.

2   Premier recensement connu : 57 671 400 individus.

9   Wang Mang fonde la dynastie des Xin.

23   Rébellions populaires ; les Sourcils Rouges.

25   Liu Xiu se proclame empereur sous le nom de Guangwudi.
         Début des Han postérieurs. Capitale : Luoyang.

Asie		Europe	
		- 147	Rebellion des Achéens contre Rome.
		- 120	Temple d'Apollon à Pompéi.
		- 101	Naissance de César.
		- 100	Civilisation celtique de la Tène III.
- 75	La dynastie Kanva remplace la dynastie Sounga en Inde.	- 82	Sylla prend Rome et s'empare de la dictature.
		- 72	L'Italie ravagée par Spartacus.
		- 51	*Guerre des Gaules* de César.
		- 44	Assassinat de César.
		- 41	Rencontre d'Antoine et de Cléopâtre.
		- 29 - 19	Virgile compose l'*Énéide*.
		- 4	Mort d'Hérode le Grand.
		1	Ovide : *Métamorphoses*.

Chine

65   Première mention d'une communauté bouddhique à Pengcheng, dans le nord du Jiangsu.

91   Les Han infligent une grave défaite aux Xiongnu.

105   L'eunuque Cai Lun présente à l'empereur les premiers types de papier.

125-150

         Les Han rétablissent la domination en Asie centrale.

132   Sismographe construit par Zhang Heng.

135   Les eunuques sont autorisés à adopter des fils.

166   Première mention de cérémonies bouddhiques à la Cour de Luoyang.

184   Grande insurrection des Turbans Jaunes.

189   Massacre des eunuques et sac de Luoyang. Destruction des archives Han.

192   Victoire de Cao Cao sur les Turbans Jaunes.

220   Mort de Cao Cao. Fin de la dynastie des Han.

Six Dynasties 200-580

         Trois Royaumes 220-265
         Jin occidentaux 265-317
         Jin orientaux 317-420

Dynasties du Sud	Dynasties du Nord
Liu Song	Six Royaumes
420-479	317-439
Qi du Sud	Wei du Nord
479-502	386-535
Liang	Wei de l'Est
502-557	534-550
Chen	Wei de l'Ouest
557-589	535-557
	Zhou du Nord
	557-580
	Qi du Nord
	550-577

Asie		Europe	
		33	Conversion de saint Paul.
		43	Début de la conquête de Bretagne.
		50	Théâtre d'Orange.
		55	Assassinat de Britannicus par Néron.
		65	Mort de Sénèque.
		79	Éruption du Vésuve ; destruction de Pompéi et d'Herculanum.
85	Schisme entre le Hinayana et le Mahayana.		
		120	Suétone : *Vie des douze Césars*.
		122-126	Construction du mur d'Hadrien en Bretagne.
		165	Persécution des chrétiens à Rome.
200	Composition du *Mahabharata*.	200	Introduction du chameau en Afrique du Nord.
247	La Corée se rend indépendante.		
		250	Fondation de la plupart des églises en Gaule.
290	Fondation du royaume des Gupta dans le Bengale.		

Chine

302   Prototype d'étrier représenté sur une terre cuite d'un guerrier à cheval dans une tombe à Changsha.

283-343
         Ge Hong dans le *Zhouhou beiji fang* mentionne une quinzaine de recettes d'hippiatrie.

415   Deux étriers en bronze doré inhumés dans la tombe de Feng Su Fu au Liaoning.

         Au VIe siècle, le *Qimin yaoshu* consacre un chapitre à l'élevage du cheval.

581   Le général Yang Jian usurpe le pouvoir à Chang'an et fonde la dynastie des Sui. Empereur Wendi (581-604).

584   Construction d'un canal de 160 km entre Shaanxi et Henan.

589   Fin de l'empire des Chen.

598   Première offensive par terre et par mer en Corée.

604   Avènement de l'empereur Yangdi qui fonde la dynastie des Tang à Chang'an.

605   Achèvement des grands canaux. Construction de Luoyang.

610   Grand pont de pierre de Liu Chun ; premier pont à arche surbaissée.

611   Début des soulèvements populaires.

618   Assassinat de l'empereur Yangdi des Sui. Li Yuan se proclame empereur (Gaozu).

624   Première publication du code des Tang.

626-649
         Empereur Taizong (Li Shimin). Activité du peintre Yan Liben.

630   Victoire décisive des Tang sur les Turcs orientaux.

631   Les Évangiles sont introduits à Chang'an.

638   Ambassade de la Perse sassanide à Chang'an.

640   Le royaume de Gaochang sous contrôle chinois.

649-683
         Empereur Gaozong.

654   Des poneys sauvages sont offerts à la Cour par les Tibétains.

Asie		Europe	
		315	Arc de Constantin à Rome.
		352	Invasion des Francs et des Alamans en Gaule.
372	Introduction du bouddhisme en Corée.	375	Saint Jérôme au désert de Chalcis.
400	Conversion de Java au bouddhisme.	405	Invasion saxonne en Bretagne.
		450	Attila envahit l'Occident.
		476	Fin de l'Empire romain d'Occident.
		509	Clovis roi des Francs.
		536	Les Francs conquièrent la Provence.
552	Introduction du bouddhisme au Japon.	558	Clotaire roi des Francs.
		vers 580	
			Introduction de l'étrier de fer dans la cavalerie byzantine.
593	Construction du Kondo du Horyuji, le plus ancien monument bouddhique japonais.		
		610	Début de la prédication de Mahomet à La Mecque.
		639	Mort de Dagobert.

Chine

657	Tang et Ouïgours infligent une grave défaite aux Turcs occidentaux.
660	Début de la puissance de Wu Zhao, future impératrice Wu Zetian.
665	Les Tang disposent de sept cent mille chevaux dans les élevages d'État.
673	Mort de Yan Liben.
683	L'empereur Gaozong, à sa mort, lègue des pouvoirs étendus à l'impératrice Wu Zetian.
690	Usurpation de l'impératrice Wu Zetian qui fonde la nouvelle dynastie des Zhou (690-705).
694	L'impératrice Wu Zetian autorise le culte manichéen.
703	Pur-sang arabes amenés à la Cour Tang.
705	Mort de l'impératrice Wu Zetian. Tombe de la princesse Yongtai au Shaanxi.
712-763	Empereur Xuanzong.
725	Reconstitution des élevages d'État depuis 705 ; quatre cent vingt mille chevaux.
727	Marché aux chevaux à Yinshuan.
731	Essor de la puissance des eunuques.
744	Début de la puissance des Ouïgours.
747	Un décret de Xuanzong encourage le jeu de polo pour entraîner ses troupes.
752	Le *Waitai biyao* propose trente-sept recettes d'hippiatrie.
755	Avance des armées rebelles d'An Lushan. Sac de Chang'an.
763	Fin de la rébellion d'An Lushan.
764	Premiers impôts sur récoltes.
780	Substitution des impositions sur les récoltes aux impôts sur les familles.
790	Les Tang perdent le contrôle de tous les territoires à l'ouest de Yumenguan.
793	Premiers impôts sur le thé.
806-820	Les eunuques contrôlent le gouvernement.
812	Premiers billets à ordre ; *feiqian*.

	664 Premiers raids des Arabes en Inde.
677 La dynastie de Sinra fait l'unité de la Corée et règne jusqu'en 1905.	670-675
	Construction de la Grande Mosquée de Kairouan.
	732 Charles Martel bat les Arabes à Poitiers.
760 Construction du temple du Kailasa à Ellora en Inde.	
	773 Apparition de la numération arabe.
	778 Charlemagne en Espagne. Roncevaux.
784 Kyoto devient la capitale du Japon.	
	800 Couronnement impérial de Charlemagne.
805 Constitution de la secte Tendaï au Japon.	
	838 Charles le Chauve couronné roi.

Chine

868	Premier livre imprimé ; *Sûtra du Diamant* de Wang Jie.
874-884	Rébellion itinérante de Huang Chao et Wang Xianzhi.
880	Luoyang à feu et à sang.
902-909	Morcellement de l'empire en plusieurs royaumes indépendants.
907	L'empereur Ai des Tang cède le pouvoir à Zhu Quanzhong qui fonde la dynastie des Liang.
960	Zhao Kuangyin fonde la dynastie des Song à Kaifeng.
973	Restitution sculptée des Six *Coursiers* de Taizong au Zhaoling.

Asie

850-900
Temples de Borobudur à Java.

889-890
Fondation de la première cité d'Angkor.

916 Fondation du royaume Kitan en Mongolie et Mandchourie.

918 Fondation de la dynastie Koryo en Corée.

968 Fondation de la dynastie des Dinh au Viêtnam, remplacée par les Lê en 980.

1001 Mahmud de Rhaznî étend son empire vers le Gange.

Europe

856 Les Normands ravagent Normandie et Ile-de-France.

987 Avènement des Capétiens.

GLOSSAIRE

Têtière *(xiangdai)*

Frontal *(ele)*

Muserolle *(bidai)*

Brides

Têtière *(xiangdai)*
Frontal *(ele)*
Sous-gorge *(yandai)*
Montant *(jiadai)*
Muserolle *(bidai)*

Montant *(jiadai)*

Sous-gorge *(yandai)*

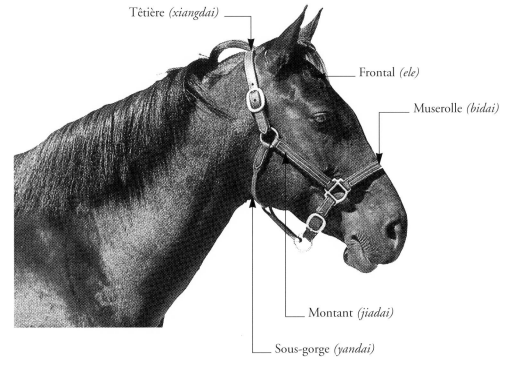

Selle

Pommeau *(qianqiao)*
Troussequin *(houqiao)*

Sangles

Poitrail *(panxiong)*
Ventrière *(dudai)*
Croupière *(qiu)*
Culeron, passage de
la croupière sous la queue

Pommeau *(qianqiao)*

Troussequin *(houqiao)*

Croupière *(qiu)*

Culeron

Poitrail
(panxiong)

Ventrière *(dudai)*

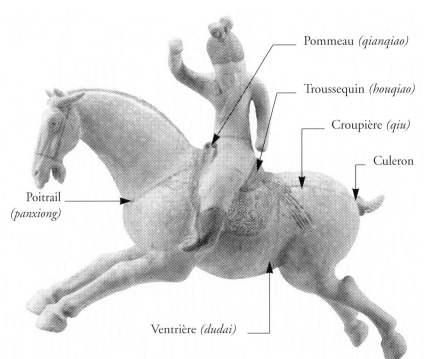

Shuanghuan wangxianji,
chignon à double anneau
« en voyant les fées »

Luoji,
chignon en spirale

Jinghuji,
chignon du « cygne
effarouché »

Dandaoji,
chignon en lame
de sabre

Gilet à manches larges
passé dans la jupe

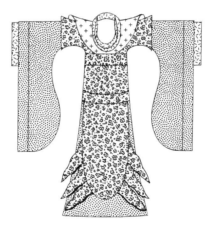

Nishang yuyi, jupe « d'arc-en-ciel
et vêtement de plumes »

Gilet à manches étroites et *banbi*
porté sur la jupe

Gilet à manches étroites et *banbi*
passé dans la jupe

Gilet à manches étroites
passé dans la jupe

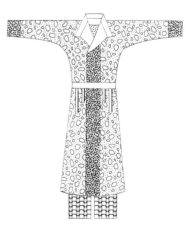

Hufu, robe « barbare » portée
sur un pantalon

BIBLIOGRAPHIE / EXPOSITIONS

AKIYAMA, Terukazu, *et al.*,
*Arts of China : Neolithic Cultures to the T'ang Dynasty,
Recent Discoveries,* coordinated by Mary Tregear,
Tokyo, Kodansha International, 1968.

BLANCHON F.,
Arts et Histoire de Chine, Paris, Presses de l'université
de Paris-Sorbonne, 1990.

CHANG K. C. (Zhang Guangzhi),
The Archaeology of Ancient China, 4ᵉ éd. rev. et aug.,
New Haven et Londres, Yale University Press, 1986.

CHAVANNES E.,
La Sculpture sur pierre en Chine, Paris, E. Leroux,
1893.
Mission archéologique dans la Chine septentrionale,
2 vol., Paris, E. Leroux,1909.
Les Mémoires historiques de Se-Ma Ts'ien, t. I-V, Paris,
E. Leroux, 1895-1905 avec complément et index
général ; t. VI, Paris, A. Maisonneuve, 1969.

CHEN Wanli,
Taoyong, Pékin, Zhongguo gudian yishu chubanshe,
1957.

COURTOT-THIBAULT V.,
Le Petit Livre du cheval en Chine, Lausanne,
Caracole, 1989.

DESROCHES J.-P.,
Asie extrême, Chine, Corée, Japon, Viêtnam, avec pour
le Viêtnam la collaboration de H. Fromentin, Paris,
Réunion des musées nationaux, 1993.

ELISSEEFF D. et V.,
*Nouvelles découvertes en Chine, l'histoire revue
par l'archéologie,* Fribourg, Office du Livre et Paris,
Éditions Vilo, 1983.

FONG Mary H.,
« Four Chinese Royal Tombs of the Early Eighth
Century », *Artibus Asiae,* vol. XXXV, n° 4, 1973,
p. 307-334.

GERNET J.,
Le Monde chinois, 2ᵉ éd. rev. et aug., Paris, Armand
Colin, 1983.

GRANET M.,
Danses et légendes de la Chine ancienne, 2 vol., Paris,
Presses universitaires de France, 1959.

GRANET M.,
La Pensée chinoise, Paris, Albin Michel, 3ᵉ éd., 1980.

HENTZE C.,
*Les Figurines de la céramique funéraire, matériaux pour
l'étude des croyances et du folklore de la Chine ancienne,*
Dresde, Avalun Verlag, 1928, t. I, II.

JACOB L.,
*Arts de la Chine ancienne, grandeurs et vicissitudes de
l'empire,* t. III, Saint-Denis, musée d'Art et d'Histoire,
Paris, Parkstone Musées, 1995.

JULIANO A. L.,
*Bronze, Clay and Stone, Chinese Art in the C.C. Wang
Family Collection,* Seattle, University of Washington
Press, 1988.

LAUFER B.,
Chinese Pottery of the Han Dynasty, Rutland, Vermont,
Charles E. Tuttle Company, 1962.

LI Zhiyan,
*Zhongguo youtao yishu (L'Art des céramiques chinoises
à glaçures),* Hong Kong, Light Industry Publishing
House, The Woods Publishing Company, 1989.

Luoyang Tang Sancai, Luoyang bowuguan, Pékin,
Wenwu chubanshe, 1980.

MALHER J. G.,
*The Westerners among the Figurines of the T'ang
Dynasty of China,* Rome, Istituto Italiano per il Medio
ed Estremo Oriente, 1959.

OKAZAKI Takashi,
« Chinese Prehistoric and Ancient Periods »,
in *Ceramic Art of the World,* vol. X, Tokyo,
Shogakukan, 1982.

PIRAZZOLI-T'STERSTEVENS M.,
Chine, architecture universelle, Fribourg,
Office du Livre, 1970.

PIRAZZOLI-T'STERSTEVENS M.,
La Chine des Han, histoire et civilisation, Fribourg,
Office du Livre, 1982.

PRODAN M.,
The Art of the T'ang Potter, New York, Viking Press,
1961.

*Qin Han diaosu (La Sculpture Qin et Han), Zhongguo
meishu quanji (Collection complète des arts chinois),*
vol. II, Pékin, Renmin meishu chubanshe, 1985.

QIN Tingyu,
*Zhongguo gudai taosu yishu (L'Art des anciennes
statuettes de céramique en Chine),* Shanghai, 1956.

SATO Masahiki, HASEBE Gakuji,
« Sui and T'ang Dynasties »,
in *Ceramic Art of the Word,* vol. XI, Tokyo,
Shogakukan, 1976.

SCHAFER E. H.,
The Golden Peaches of Samarkand, a Study of T'ang Exotics, University of California Press, Berkeley, Los Angeles, Londres, 1985.

SCHLOSS E.,
Ancient Chinese Ceramic Sculpture : from Han through T'ang, 2 vol., Stanford, Connecticut, Castle Publishing Co., 1977.

SEGALEN V.,
Chine. La Grande Statuaire, Paris, Flammarion, 1972, en collaboration avec G. de Voisins et J. Lartigue.
Mission archéologique en Chine, 2 vol., Paris, P. Geuthner, 1924.
L'Art funéraire à l'époque des Han, t. I, Paris, P. Geuthner, 1935.

Sui Tang diaosu (La Sculpture Sui et Tang), Zhongguo meishu quanji (Collection complète des arts chinois), vol. IV, Pékin, Renmin meishu chubanshe, 1988.

SUN Ji,
Zhongguo gu yufu luncong (Recueil des articles sur l'équipage et habillements anciens chinois), Pékin, Wenwu chubanshe, 1993.

Tangmu bihua jijin (Recueil de peintures murales de tombes Tang), compilé par le musée d'Histoire de Shaanxi, Shaanxi Renmin meishu chubanshe, 1991.

WANG Zhongshu,
Han Civilisation, trad. par K. C. Chang *et al.,* New Haven et Londres, Yale University Press, 1982.

WATSON W.,
La Céramique Tang et Liao, Fribourg, Office du Livre, 1984.

WILLETS W.,
L'Art de la Chine, des poteries néolithiques à l'architecture moderne, adaptation française par Daisy Lion-Goldschmidt, Lausanne, Edita, 1968.

Zhaoling wenwu jinghua (Sélection d'objets du mausolée Zhaoling), compilé par le musée d'Histoire de Shaanxi et le musée du mausolée Zhaoling, Shaanxi Renmin meishu chubanshe, 1991.

ZHOU Xun, GAO Chunming,
Le Costume chinois, Fribourg, Office du Livre, 1985.

Expositions

Art chinois, Néolithique, Dynastie Song, collection Umberto Draghi ; Noppe C., Lauwaert F., *et al,* Morlanwelz, Musée royal de Mariemont, 1990.

Art of the Han, Schloss Ezekiel, New York, China House Gallery, China Institute in America, 1979.

Art of the Six Dynasties, Juliano Annette L., New York, China House Gallery, China Institute in America, 1975.

Chine antique voyage de l'âme, trésors archéologiques de la province du Hunan, XIIIe siècle av. J.-C.-IIe siècle ap. J.-C., Centre culturel, abbaye de Daoulas, 1992.

Chine des origines, Desroches J.-P. et Rey M.-C., Paris, Réunion des musées nationaux, 1994.

Chinese Pottery Burial Objects of the Sui and T'ang Dynasties, Joseph Adrian M., Moss Hugh M., Fleming S.J., Londres, Hugh M. Moss Ltd, juin 1970.

Chuka Jinmin Kyowakoku Shutsudo Bunbutsu Ten, Archeological Treasures excavated in the People's Republic of China [...], Tokyo Kokuritsu Hakubutsukan et Kyoto Kokuritsu Hakubutsukan, 1973, Tokyo, Asahi Shimbun, 1973.

Foreigners in Ancient Chinese Art, from Private and Museum Collections, Schloss Ezekiel, New York, China House Gallery, China Institute in America, 1969.

Han and T'ang Murals, discovered in tombs in the People's Republic of China and copied by contemporary Chinese painters, Fontein Jan and Wu Tung, Boston, Museum of Fine Arts, 5 octobre-22 novembre 1976.

Into the Afterlife, Han and Six Dynasties Chinese, Lewis Candace J., *Tomb Sculpture from the Schloss Collection,* Vassar College Art Gallery, New York, Poughkeepsie, 1990.

Le Jardin des porcelaines, Desroches J.-P., Paris, Réunion des musées nationaux, 1987.

Koga Bunmei Ten (Civilisation du fleuve Jaune, exposition), Tokyo Kokuritsu Hakubutsukan, Tokyo, 1986 (Nagoya), Chunichi Shinbunsha, 1986.

Ming-chi, Clay Figures reflecting Life in Ancient China, from Private and Museum Collections, Schloss Ezekiel, New York, The Katonah Gallery, 1975.

The Quest for Eternity, Chinese Ceramic Sculptures from the People's Republic of China, Los Angeles County Museum of Art, Los Angeles, *et al.,* 1987-1988, Los Angeles, Los Angeles Museum of Art avec Chronicle Books, San Francisco et Londres, Thames and Hudson Ltd, 1987.

7000 (Seven thousand) Years of Chinese Civilization : Chinese Art and Archaeology from the Neolithic Period to the Han Dynasty, Palazzo Ducale, Venise, 1983, cat. éd. par The Pekin Museum of Chinese History, Seminario di Lingue e Letteratura Cinese of the University of Venice, Istituto Italiano per il Medio e Estremo Oriente, Milan, Silvana Editoriale, 1983.

Spirit of Han, Ceramics for the Afterlife, Singapour, The Southeast Asian Ceramic Society, Sun Tree Publishing Limited, 1991.

Stories from China's Past, Han Dynasty Pictorial Tomb Reliefs and Archaeological Objects from Sichuan Province, People's Republic of China, Zhonghua renmin gongheguo Sichuan Handai huaxiangzhuang yu kaogu wenwu zhanlan [...], Chinese Culture Center of San Francisco, 1987 (*et al*), San Francisco, The Chinese Culture Foundation, 1987.

Tang Sancai Pottery, selected from the Collection of Alan and Simone Hartman, compilé par Medley Margaret, Londres, 1989.

Tomb Treasures from China, the Buried Art of Ancient Xi'an, Asian Art Museum of San Francisco, Kimbell Art Museum, San Francisco, Fort Worth, 1994.

Trésors d'art chinois, récentes découvertes archéologiques de la République populaire de Chine, Petit Palais, 1973, V. Elisseeff avec la collaboration de M.-Th. Bobot, Paris, Les Presses artistiques, 1973.

Trésors d'art de la Chine, 5000 av. J.-C.-900 ap. J.-C. : nouvelles découvertes archéologiques de la République populaire de Chine, palais des Beaux-Arts, Bruxelles, 1982, Bruxelles, ministère de la Communauté française, 1982.

14. Dame debout

Chine du Nord
Époque des Han antérieurs
IIe siècle avant notre ère
Donation J. Polain
Musée national des Arts asiatiques-Guimet
(MA 6092)

15. Dame debout

Chine du Nord
Époque des Han antérieurs
IIe-Ier siècle avant notre ère
Collection M. Calmann
Musée national des Arts asiatiques-Guimet
(MA 3916)

16. Dame à genoux

Chine du Nord
Époque des Han antérieurs
IIe-Ier siècle avant notre ère
Donation J. Polain
Musée national des Arts asiatiques-Guimet
(MA 6093)

17. Servante debout

Shaanxi
Époque des Han antérieurs
IIe siècle avant notre ère
Donation J. Polain
Musée national des Arts asiatiques-Guimet
(MA 6094)

18. Homme debout

Shaanxi
Époque des Han antérieurs
IIe siècle avant notre ère
Don Guignard
Musée national des Arts asiatiques-Guimet
(MA 3802)

19. Chien assis

Époque des Han postérieurs
Ier-IIIe siècle
Musée national des Arts asiatiques-Guimet
(MA 5945)

20. Chien debout

Époque des Han postérieurs
Ier-IIIe siècle
Donation J. Polain
Musée national des Arts asiatiques-Guimet
(MA 6095)

21. Tête de cheval

Sichuan
Époque des Han postérieurs
Ier-IIIe siècle
Donation J. Polain
Musée national des Arts asiatiques-Guimet
(MA 6096)

22. Tête de cheval

Sichuan
Époque des Han postérieurs
Ier-IIIe siècle
Musée national des Arts asiatiques-Guimet
(MA 4905)

23. Cheval debout

Sichuan
Époque des Han postérieurs
Ier-IIIe siècle
Donation J. Polain
Musée national des Arts asiatiques-Guimet
(MA 6097)

24. Cheval debout

Sichuan
Époque des Han postérieurs
Ier-IIIe siècle
Donation J. Polain
Musée national des Arts asiatiques-Guimet
(MA 6098)

25. Gardien de tombeau *zhenmuyong*

Sichuan
Époque des Han postérieurs
Ier-IIIe siècle
Donation J. Polain
Musée national des Arts asiatiques-Guimet
(MA 6099)

26. Grande dame debout

Henan
Époque des Wei du Nord
Premier quart du VIe siècle
Musée national des Arts asiatiques-Guimet
(MA 2577)

27. Fragment de peinture murale

X^e-XIIe siècle
Collection L. Jacob
Musée d'Art et d'Histoire, Saint-Denis
(MSD 610)

28. Fragment de peinture murale

X^e-XIIe siècle
Collection L. Jacob
Musée d'Art et d'Histoire, Saint-Denis
(MSD 609)

29. Fragment de peinture murale

VIIIe-XIe siècle
Musée Cernuschi, Paris
(MC 9258)

30. Fragment de peinture murale

VIIIe-XIe siècle
Musée Cernuschi, Paris
(MC 9259)

31. Chameau

Fin des Sui-début des Tang
VIIe siècle
Donation J. Polain
Musée national des Arts asiatiques-Guimet
(MA 6100)

32. Danseuse

Époque Tang
Fin du VIIe siècle-début du VIIIe siècle
Donation J. Polain
Musée national des Arts asiatiques-Guimet
(MA 6101)

33. Dame d'honneur

Époque Tang
Fin du VIIe siècle-début du VIIIe siècle
Donation J. Polain
Musée national des Arts asiatiques-Guimet
(MA 6102)

34. Danseuse

Époque Tang
Fin du VIIe siècle-début du VIIIe siècle
Donation J. Polain
Musée national des Arts asiatiques-Guimet
(MA 6103)

35. Dame de Cour

Époque Tang
Début du VIIIe siècle
Donation J. Polain
Musée national des Arts asiatiques-Guimet
(MA 6104)

36. Dame de Cour

Époque Tang
Fin du VIIe siècle-début du VIIIe siècle
Donation J. Polain
Musée national des Arts asiatiques-Guimet
(MA 6105)

37. Dame d'honneur

Époque Tang
Fin du VIIe siècle-début du VIIIe siècle
Legs R. Kœchlin
Musée national des Arts asiatiques-Guimet
(EO 2954)

38. Dame au chignon

Époque Tang
VIIIe-IXe siècle
Donation J. Polain
Musée national des Arts asiatiques-Guimet
(MA 6106)

39. Caravanier étranger

Shaanxi
Époque Tang
VIIe siècle
Donation J. Polain
Musée national des Arts asiatiques-Guimet
(MA 6107)

40. Grand palefrenier

Époque Tang
VIIe siècle
Collection L. Jacob
Musée national des Arts asiatiques-Guimet
(MA 2962)

41. Palefrenier

Époque Tang
VIIe siècle
Donation J. Polain
Musée national des Arts asiatiques-Guimet
(MA 6108)

42. Personnage aux cheveux bouclés

Époque Tang
VIIIe siècle
Donation J. Polain
Musée national des Arts asiatiques-Guimet
(MA 6109)

43. Palefrenier d'Asie centrale

Henan ou Shaanxi
Époque Tang
VIIIe siècle
Donation J. Polain
Musée national des Arts asiatiques-Guimet
(MA 6110)

44. Cheval sellé

Époque Tang
VIIIe siècle
Donation J. Polain
Musée national des Arts asiatiques-Guimet
(MA 6111)

45-46. Paire de chevaux blancs sellés

Époque Tang
VIIIe siècle
Donation J. Polain
Musée national des Arts asiatiques-Guimet
(MA 6112, MA 6113)

47. Cavalier à l'oiseau

Époque Tang
Seconde moitié du VIIe siècle
Donation J. Polain
Musée national des Arts asiatiques-Guimet
(MA 6114)

48. Cheval bondissant

Époque Tang
VIIIe siècle
Donation J. Polain
Musée national des Arts asiatiques-Guimet
(MA 6115)

49. Joueuse de polo

Époque Tang
Milieu du VIIIe siècle
Donation J. Polain
Musée national des Arts asiatiques-Guimet
(MA 6116)

50. Joueuse de polo

Époque Tang
Milieu du VIIIe siècle
Donation J. Polain
Musée national des Arts asiatiques-Guimet
(MA 6117)

51. Joueuse de polo

Époque Tang
Milieu du VIIIe siècle
Donation J. Polain
Musée national des Arts asiatiques-Guimet
(MA 6118)

52. Joueur de polo

Époque Tang
Milieu du VIIIe siècle
Donation J. Polain
Musée national des Arts asiatiques-Guimet
(MA 6119)

53. Joueuse de polo

Époque Tang
Début du VIIIe siècle
Donation J. Polain
Musée national des Arts asiatiques-Guimet
(MA 6120)

54. Joueuse de polo

Époque Tang
Milieu du VIIIe siècle
Donation J. Polain
Musée national des Arts asiatiques-Guimet
(MA 6121)

55. Couple de danseuses

Époque Tang
Milieu du VIIe siècle
Donation J. Polain
Musée national des Arts asiatiques-Guimet
(MA 6122)

56. Couple de musiciennes

Époque Tang
Première moitié du VIIe siècle
Collection M. Calmann
Musée national des Arts asiatiques-Guimet
(MA 4015, MA 4016)

57. Femme palefrenier

Époque Tang
VIIIe siècle
Donation J. Polain
Musée national des Arts asiatiques-Guimet
(MA 6123)

58. Palefrenier étranger

Shaanxi
Époque Tang
VIIIe siècle
Donation J. Polain
Musée national des Arts asiatiques-Guimet
(MA 6124)

59. Dame de Cour

Époque Tang
VIIIe siècle
Collection M. Calmann
Musée national des Arts asiatiques-Guimet
(MA 4012)

60. Dame de Cour

Époque Tang
VIIIe siècle
Collection M. Calmann
Musée national des Arts asiatiques-Guimet
(MA 4014)

61. Dame de Cour

Époque Tang
VIIIe siècle
Collection M. Calmann
Musée national des Arts asiatiques-Guimet
(MA 4013)

62. Femme fauconnier

Époque Tang
VIIIe siècle
Donation J. Polain
Musée national des Arts asiatiques-Guimet
(MA 6125)

63. Dame de Cour assise

Époque Tang
Premier quart du VIIIe siècle
Donation J. Polain
Musée national des Arts asiatiques-Guimet
(MA 6126)

64. Dame de Cour assise

Époque Tang
Fin de la première moitié du VIIIe siècle
Collection M. Calmann
Musée national des Arts asiatiques-Guimet
(MA 4025)

65. Cheval

Époque Tang
VIIIe siècle
Collection M. Calmann
Musée national des Arts asiatiques-Guimet
(MA 3995)

66. Cheval

Époque Tang
VIIIe siècle
Collection M. Calmann
Musée national des Arts asiatiques-Guimet
(MA 4805)

67. Cavalier musicien

Époque Tang
Fin du VIIe siècle-début du VIIIe siècle
Collection M. Calmann
Musée national des Arts asiatiques-Guimet
(MA 3991)

INDEX

* nom de lieu
ital. nom d'ouvrage
Figurent dans l'index les noms de lieux,
de personnages historiques, ainsi que le vocabulaire
du vêtement et du cheval.

Légendes des dessins présentés
en ouverture des chapitres

page 24
Xylographie du portrait imaginaire
de l'empereur Wudi (141-87).
Né en 156, Liu Che monte sur le trône en 141 en
tant que cinquième souverain des Han. Il régnera
cinquante-quatre ans et portera la dynastie à son
zénith. Il contribuera à la formation d'un État très
centralisé et conduira une politique expansionniste
sans précédent. Conscient du rôle du cheval, il
envoie, dès 138, Zhang Qian en mission à l'Ouest,
qui au retour rapportera les fameux coursiers du
Ferghâna. C'est en 118 que la cavalerie effectuera
une série de raids victorieux sous l'autorité de Huo
Qubing, ouvrant ainsi une longue ère de paix.

page 84
Xylographie du portrait imaginaire
de l'impératrice Wu Zetian (684-705).
Née au Sichuan en 624 d'une famille de
marchands du Shanxi, elle est la première femme
de l'histoire chinoise à occuper le trône pendant
vingt et un ans. Jeune concubine de l'empereur
Taizong, un temps bonzesse, elle revient à la Cour
sous Gaozong, supplantant l'impératrice douairière
à la mort du souverain, et écartant du pouvoir
Zhongzong et Ruizong, les héritiers légitimes.
Forte personnalité, elle tient le pays avec une main
de fer. Aussi lui prête-t-on cette anecdote au sujet
d'un cheval que personne ne parvenait à dompter ;
elle aurait prétendu le subjuguer à l'aide de trois
objets ; un fouet d'abord, puis, s'il s'avérait
inefficace, une masse, en le frappant à la tête, enfin
un poignard, en l'égorgeant. Ce cruel personnage
qui meurt à quatre-vingt-deux ans fut inhumé
en mai 706, au Qianling.

page 172
Xylographie du portrait imaginaire
de Du Fu (712-770).
Du Fu est l'un des plus grands poètes des Tang.
Courtisan célèbre et hagiographe du règne de
Xuanzong, il vante la grandeur des palais et des
tombeaux. On lui doit, entre autres, quelques vers
inoubliables sur le Zhaoling dont les « salles
funéraires peuplent la montagne [...] aux
profondeurs verdoyantes gardées par les ours [...]
au-dessus d'un ciel où s'amoncellent les nuages
dans une splendeur infinie ».

CRÉDITS PHOTOGRAPHIQUES

Publication du département de l'édition
dirigé par Béatrice Foulon

Coordination éditoriale :
Chloé Demey

Relecture des textes :
Jacqueline Menanteau

Fabrication :
Jacques Venelli

Conception graphique et mise en pages :
Pierre-Louis Hardy

Les textes ont été composés en *Garamond*
et les illustrations gravées par Haudressy

Cet ouvrage a été achevé d'imprimer sur
Job ivoiré 135 g en août 2000 sur les
presses de l'imprimerie Grou-Radenez-Mussot, Paris.
Le façonnage a été réalisé par la G.B.R.,
Chevilly-Larue

1er dépôt légal : octobre 1995
Dépôt légal : août 2000
ISBN : 2-7118-3334-8
EC 70 3334